艺术家传略丛书 · Artists in Profile

立体派艺术家与超现实主义艺术家

CUBISTS and SURREALISTS

天津教育出版社
TIANJIN EDUCATION PRESS

A卷 · 立体派

B卷·超现实主义

A卷·立体派艺术家

[英] 杰里米·沃利斯 著
王骥 译

什么是立体派？

在20世纪的第一个十年里，立体派登上了巴黎的艺术舞台，完全改写了绘画和雕刻的规则。通常，人们把这一切归功于三位艺术家，他们是巴勃罗·毕加索、乔治·布拉克和胡安·格里斯。那么，什么是立体派呢？

千百年来，画家们对视觉上的"欺骗"视而不见。他们忽视了还原——远处的物体看起来要比近处的物体小些，平行线随着它们的延伸看似相交。但从14世纪起，画家们选择了固定的视角和透视画法，在平面上创作长宽高的三维效果。这样的规则统治欧洲艺术近500年的时间。

到19世纪末，许多画家开始为这些规则所困扰。与此同时，摄影技术的发展使任何人都可以再现物体。画家不得不比简单地"复制世界"做得更多。立体派的先锋也认为，传统的绘画技巧正在走向衰落。他们意识到，人类是以丰富多彩的方式感知周围世界的。有一些方式是明显的，如我们的视觉、听觉和触觉；其他一些不太明显，如嗅觉、味觉、以往的知识和经验。立体派画家想把这些传达给观赏者。他们同样希望观赏者能够把自己的感受加入到艺术品当中，而不是简单地观看。

法国画家保罗·塞尚的影响十分深远。塞尚基本上被以巴黎为中心的艺术界主流所忽视，他一生的大部分时间都在法国南部的普罗旺斯作画。他认为自然可以被简化到永久的形式："自然应该被看作圆柱体、球体和圆锥体。"在其后期作品中，塞尚把物体表现为平面的、更为明显的二维效果。他开始忽视透视法，把物体"倾向"观赏者，同时在画面的其他地方保持着另一个不同的视角。这些想法成为了立体派的核心理念。在塞尚去世一年后，也就是1907年，塞尚作品展在巴黎举行。该展览对包括乔治·布拉克在内的部分画家来说是一次重大启示。

根据艺术史学家纳什的说法，布拉克在埃斯塔克的画作抓住了“立体派的精髓”，简化了的形态被安插在三角形、正方形和椭圆形的排列中，布拉克将使用的颜色减少到两组：黄和棕；灰和绿。他后来写到：“透视画法只不过是一种视觉欺骗，它使画家不可能完全传达空间感。”随着立体派画家摒弃透视画法，判断物体的规模、大小以及物体之间的关系就变得很困难了。

巴勃罗·毕加索在与布拉克会面（1907年）的前两年，就把他自己对于原始艺术的兴趣带入

★《亚维农的少女》，毕加索（1907年）

尽管毕加索否认在他完成《亚维农的少女》之前见过非洲面具，但这些脸的确是基于他1907年在特洛卡迪看到的非洲面具和1906年在卢浮宫看到的古西班牙雕刻而创作的。

了早期立体派。所谓的“原始艺术”，是指源自非洲、拉丁美洲、亚洲和太平洋以及史前和中世纪欧洲社会的艺术，它们并不受透视规则的桎梏。

毕加索试图把原始艺术融入以传统物体为主题的画作中。在当时这是颇为激进的，因为那时的西方社会一直认为自己处于文明的巅峰。几个世纪以来，人们已经知道了原始艺术，但基本没有西方艺术家采用这种风格。1905年，毕加索开始起草以一群西班牙妓女为对象的巨作——《亚维农的少女》。他最激进的做法是让画中的女子有着原始面具一般的脸。《亚维农的少女》不是立体派的作品，但它是毕加索艺术上的转折点，是毕加索脱离欧洲艺术规则的途径。

★*《埃斯塔克的房子》，乔治·布拉克（1908年）*

1907年和1908年，布拉克旅居埃斯塔克，那是塞尚曾经常常作画的地方。将塞尚的观点作为自己的起点，布拉克开始了自己的艺术实验，删略细节，把房屋、树木、峡谷和高架桥简化到最基本的图形。

据布拉克说，毕加索和布拉克开始他们的艺术探险，就像“拴在一起的登山运动员”。他们只在精选的画廊展出一少部分作品。胡安·格里斯后来加入了他们的行列。“立体派”这个名字源自1908年对布拉克画作的一次评论。一个名叫路易斯·沃塞尔的评论家抱怨布拉克把一切都简化成了立方体。另一个评论家查理斯·莫里斯后来用到“立体派”这一名字。

布拉克、毕加索和格里斯创造了两种不同的立体派：分析立体派和综合立体派。在分析立体派中，画家想要表现出一个物体从不同的角度观察是不同的。他们知道做不到这一点，同样，他们也不能在一幅画中展现出一个物体在现实生活中的状态。他们决定集中展现从不同角度看到的物体，而不是从一个特定的角度绘画物体。所以，一幢房屋可能被表现成一个简单的立方体和一个金字塔；一把小提琴可以被描绘成身体的曲线，再用几条线来表示琴弦；桌面就是平面正方形了。画家们采用柔和的色彩，因为明亮的颜色会分散观赏者的注意力，使其忽视图画的结构。

综合立体派起始于1912年。不同于拆分物体，综合立体派是综合不同的因素，通常是抽象地来再现物体。艺术家们运用报纸碎片、镜子、木头，还有明亮颜色的颜料绘画。这些物体附加在画作上，会使观赏者想到他们在现实生活中存在的方式，同时也在画作中成为物体的一部分。他们希望这样能使自己的艺术作品更真实。

沙龙展览

多年来，重要的展览每年都在巴黎举行。最大的展览——全法艺术家沙龙——吸引了成千上万的参观者。然而过时的艺术家和艺术规则主导了展览。选择展出作品的评审团不喜欢那些创作激进新型艺术的先锋派艺术家。更多包容性的展览应运而生，包括秋季沙龙，它在1905年开创性地展出了野兽派的作品，1907年塞尚美术回顾展也在此举办。在独立者沙龙，任何一个付费的艺术家都可以展出作品。

“蜂箱”与“洗衣船”

立体派和两个画室有关，在那里，艺术家（画家、作家和诗人）之间的友谊促进了观念的传播。塞纳河把巴黎一分为二，北边是我们熟知的右岸，南边就是左岸。在蒙马特区，有“洗衣船”之称的废弃钢琴厂坐落在右岸。毕加索就生活在这里，就是在这儿，布拉克第一次见到了《亚维农的少女》。胡安·格里斯1908年也搬到了这里。“蜂箱”则位于左岸的蒙帕纳斯。在那里工作的艺术家有亚历山大·阿奇本科、费尔南德·雷捷、亨利·劳伦斯、雅克·利普兹和罗伯特·德洛内。

★《书》，胡安·格里斯（1914年）

胡安·格里斯是立体派的主要倡导者，也是毕加索和布拉克的朋友。他严谨的思维方式、科学的教育和数学倾向使他与黄金分割小组关系密切。

毕加索、布拉克和格里斯通常被叫作“蒙马特区立体派画家”，这是以他们在巴黎工作的地区命名的。他们也被叫作“画廊立体派画家”，因为他们只在一些小规模的私人画廊展出作品。因为“隐居”工作，所以大家对于他们从事的事情知之甚少。同时，一些其他的艺术家也开始创造他们自己的诠释方式。

沙龙立体派画家

1910年，让·梅金捷、罗伯特·德洛内、艾伯特·格列兹和费尔南德·雷捷在秋季沙龙（美术展）上展出作品。当意识到彼此类似的路线后，他们想方设法进入了1911年独立者沙龙的展出委员会。作品本应该按照画家姓名的字母顺序排列展出，但是他们把立体派画家的所有作品都挂在了41号房间以及与其相邻的房间。他们专横的风格和极为显眼的布置引起了骚动。这件事情很轰动。评论把他们描述成“立体派艺术家”，并且“立体派”被承认是一个艺术流派。因为他们在巴黎的大型展览——沙龙——展出作品，他们赢得了“沙龙立体派艺术家”的称号。虽然有其他的艺术家加入到他们当中，但对于公众来说，沙龙立体派艺术家才是“真正的立体派艺术家”，而不是毕加索和布拉克。

黄金分割小组

几位沙龙立体派艺术家定期在郊区的一个画室会面，这个画室属于雷蒙德·杜桑-维隆和他的两个兄弟（马塞尔·杜桑和雅克·维隆）。艺术家把立体派和发生在法国的高科技发展、数学进步以及文化变化联系起来。1912年，他们举办了名为“黄金分割”的画展。这个名字取自于一个希腊分割理论，同样，这当中还有杜桑兄弟钟爱的双关语：“分割”这个词语还有“兄弟关系”的含义，也就是说，“黄金分割”还有“黄金兄弟关系”的含义。

立体派和世纪更迭

多年来，法国，尤其是巴黎，一直被当作世界艺术中心。从1900年起，崭新的社会变革、科技发展既促进了艺术的发展又鼓舞了大众。新的发明，例如汽车，挑战了传统的时间概念和旅游意识。从1889年起，巴黎人目睹了这个城市翻天覆地的变化，诸如拔地而起的埃菲尔铁塔是当时世界上最高的建筑。这样，人们原本熟悉的公园和林荫大道看起来都像是平面图形。立体派画家像许多人一样，憧憬着新世纪的到来。

1912年，格列兹和梅金捷合写了《立体主义》一书，对许多人来说，这本书还是在定义立体派。他们谈到第四维——时间。这“第四维”反映了他们对基于三维的绘画技巧的拒绝，例如传统的透视画法。艺术家可以通过同时展现多个视角来压缩时间和空间。

立体派和政治

尽管19世纪末20世纪初被称作“黄金时期”，尽管人们越来越富足，但是法国正经历着政局动荡——革命、战争、挫败以及保皇党和共和党的剧变，工人阶级要求分享财富、自由投票，还要求组织工会。1898年，发生了“德莱弗斯案件”——当时一犹太军官受到向德国泄密的指控——引发了反犹太主义。

右翼民族主义者袭击学生和知识分子，把他们当作“法国人”的敌人。法国人排外情结很普遍，许多人痛恨德国，这是1870年到1871年普法战争的结果。在战争中，法国丧失了领土，这也导致了1914年的战争。

在大众媒体上，立体派并不只是“不现实”和“把一切简化成立方体”，最严重的指控是说立体派本是“外来的”，不知怎的成了德国艺术——无非是因为立体派在德国收藏家、画商和画家中很有市场。例如，1912年法国国会讨论到立体派，认为这些外国艺术家有着“险恶的目的”。

立体派的宣传员

立体派艺术家把他们的成功归因于友好的评论家、诗人，还有画商，也许最重要的一位是诗人兼评论家吉约姆·阿波利奈尔（1880年~1918年）。他是一位坦率直言的作家，是主要的立体派广告员。丹尼尔·亨利·康维勒（1884年~1976年）是一位年轻的德法画商。1907年他在巴黎开办画廊，很快成为了立体派画家的赞助者：首先赞助的是布拉克和毕加索，后来还有雷捷和格里斯。1914年他被流放，直到1920年才重返法国。

第一次世界大战（1914年~1918年）和立体派的结束

第一次世界大战标志着立体派的结束，尽管它的影响还延续多年。许多艺术家应招服兵役，还有的艺术家被疏散到全世界各地。公众对于先锋派的敌意日渐显著。例如，立体派被称作是“德国犹太主义腐蚀法国价值观的阴谋”。

立体派之后的艺术与社会

尽管和立体派有关的大多数艺术家都转而发展新的理念，立体派的影响还是相当巨大的，并不仅限于艺术领域和艺术家的范畴。右翼政府痛恨先锋派艺术，他们把其看作是犹太人、“外国人”、同性恋和苏俄社会主义追随者的堕落发明。后来，艺术家受到迫害，尤其是在德国，在那里，表现主义被贴上了”退化“的标签。许多画家对此做出了回应。毕加索、利普兹、皮卡比亚和雷捷，有的在自己的作品中指出受到纳粹主义和法西斯主义的威胁，有的加入了左翼政党——

他们认为自己和进步的政治活动有共同之处。

立体派包罗万象，却止步于1914年，但由此激起的愤怒却被争论了许多年。

亚历山大·阿奇本科（Alexander Archipenko）1887~1964

- 1887年5月30日生于沙皇俄国乌克兰基辅
- 1964年2月25日逝于美国纽约

主要作品

《行走的女人》（1912年）

《迈德隆一号（变戏法的人）》（1912年~1913年）

《迈德隆二号（舞者）》（1913年）

《拿扇子的女人》（1914年）

★*阿奇本科早期对意大利文艺复兴时期的艺术产生的兴趣帮他把自己对艺术的热爱和对工程与数学的着迷融为一体。他意识到富有创造力的天才达·芬奇涉猎艺术、科学和工程，还把数学视为一切艺术形式的根基。*

亚历山大·阿奇本科出生在基辅一个富足的家庭。他的父亲卜菲力·安东诺维奇·阿奇本科是一名机械工程师、发明家、基辅大学的工程学教授；母亲叫作玛霍娃·阿奇本科。家族中有人与艺术相关：他的祖父曾是一名宗教画家。

阿奇本科9岁之前一直在家学习，后来上了基辅高等中学。他对艺术的兴趣萌发于他13岁那一年，由于一场自行车意外他要卧床一年。祖父送来了一本意大利文艺复兴时期伟大的艺术家米开朗基罗的画册，阿奇本科开始学习和临摹。

1902年到1905年期间，阿奇本科在基辅大学学习艺术，首先学习绘画，后来学习雕刻。基辅的拜占庭画像、壁画和镶嵌对他的影响至深。阿奇本科受到1905年俄国革命精神的鼓动攻击自己的大学老师，因为他觉得他们从事艺术的方法太陈旧、太学术化。他被学校开除，这令他的父亲觉得很羞辱，但阿奇本科并不难过。第二年，他就举办了个人展览，当时他只有18岁，是在他还没有去俄国首都莫斯科之前。在家庭的资助下，他又在俄国学习了两年，和各种各样的团体一起办展览。

1908年，阿奇本科去了法国巴黎的国立美术学院。然而，两个星期后他就离开了，因为他发现那里的学术机制限制性强，单调乏味。但他却在巴黎的卢浮宫学习，他把那里称作"真正的学校"。他尤其受到埃及、亚述、古希腊和中世纪展品的鼓舞。

★《舞者（二）》，亚历山大·阿奇本科（1914年）

从1913年起，阿奇本科开始从事浮雕创作——在石膏上雕刻和绘画，他把这叫作"浅浮雕（画）"。他也完成了许多油画、素描画和印刷画。

阿奇本科仅21岁时就在蒙帕纳斯的拉胡石学校创办了自己的画室。从1909年开始，他开始抽象人物的创作，他因此而声名鹊起。那一年，他创作出好几个革命性的雕塑。第二年，他开始在独立者沙龙展出作品。这个时期阿奇本科的作品基本没有立体派的特征。然而，在拉胡石学校工作以及在独立者沙龙办展览，使阿奇本科和沙龙的立体派画家有了接触。很快，阿奇本科就把他们的理念融入到自己的作品当中了。

1912年，阿奇本科加入了“黄金分割小组”，在接下来的两年中和小组成员一起办展览。1912年，阿奇本科创造了被誉为“现代艺术第一建筑物”的作品——三维抽象拼贴画（制作材料有木头、玻璃、金属和电线）。作品《变戏法的人》被秋季沙龙拒绝展出，第一次展出是1913年在匈牙利的布达佩斯（作品在第一次世界大战中被毁）。阿奇本科创作了一系列这样创新的作品，但在媒体上都遭到嘲笑和奚落。

1913年，阿奇本科在纽约的军械库展览会上展出了好几部雕刻作品和绘画作品。在第一次世界大战期间，阿奇本科住在法国南部，因而躲过了俄国的兵役。

1919年他四处游走，最终在1921年柏林定居下来，和一位名叫安吉莉卡·布鲁诺·施米兹的德国女雕刻家结婚。在美国，大家对他的作品越来越感兴趣，1923年阿奇本科夫妇移居美国。阿奇本科在纽约开办了艺术学校。

阿奇本科在纽约城度过了他的余生。他一生都在工作，直到1964年2月25日逝世。

乔治·布拉克（Georges Braque）1882~1963

- 1882年5月13日生于法国巴黎附近塞纳河畔的阿尔让特伊
- 1963年8月31日逝于法国巴黎

主要作品

《埃斯塔克的房子》（1908年） 《诺曼底港》（1909年） 《葡萄牙人》（1911年）

《水果盘与玻璃杯》（1912年） 《拿着吉他的女人》（1913年） 《玻璃水瓶和报纸》（1913年）

乔治·布拉克于1882年5月13日出生在巴黎塞纳河畔一个叫作阿尔让特伊的集镇上。父亲查尔斯拥有一家效益不错的装潢公司。布拉克从小就受到来自周围的艺术影响。他的父亲和祖父都是业余画家（父亲在巴黎沙龙上还小有名气），布拉克经常和父亲一起进行绘画尝试。

布拉克在当地的学校学习，他从教育中所得有限，并声称自己曾临摹流行杂志上的插图来自学。在学校，布拉克倒是对体育产生了浓厚的兴趣，尤其是拳击（后来拳击短裤成了立体派常用的主题）。他也摆弄长笛、小提琴和手风琴。

15岁时，布拉克在勒阿弗尔的国立美术学院上夜校。在那里，他与有抱负的画家拉乌尔·杜菲和弗雷兹成了朋友，这两位画家后来成了野兽派成员。布拉克在国立美院的表现并不理想，于1899年期末考试前离校。后来他当了学徒，学习刷墙和装潢。起初他在自家的公司中学习，后又到了巴黎投靠一个亲戚。作为漆工，布拉克学到了好几种技工技巧，包括日后在他的立体派作品中用到的"仿造木屑"。

布拉克的家人让他当学徒进入装潢行业还有一个目的，因为所有的法国年轻人都要被迫服兵役。而技术熟练的技工可以把服兵役的时间由三年减少到一年。作为一名有资格的装潢师，布拉克只需要服一年兵役。

兵役之后，布拉克决定追求艺术事业。1902年，他在家人的资助下来到巴黎，又见到了朋友杜菲和弗雷兹。1902年到1904年，布拉克在一所私立艺术学校——亨伯特学院学习。1903年，他又报名到巴黎的国立美术学院学习，在那里，他遇到了弗朗西斯·皮卡比亚，布拉克后来把他描述为“我遇到的第一位画家”。和几代有抱负的画家一样，布拉克也在卢浮宫学习研究过那里的艺术收藏，尤其是在其中的埃及美术馆和希腊美术馆。

1905年末，布拉克参观了巴黎的秋季沙龙，他被野兽派充满活力的作品惊呆了，这其中包括他的朋友杜菲和弗雷兹的作品。布拉克被朋友说服加入了野兽派，1906年陪同弗雷兹去了安特卫普，同年冬天又来到地中海岸的埃斯塔克，这里是塞尚曾经常常作画的地方。1907年，他在独立者沙龙展出了六幅作品。在这里，布拉克遇到了画商康维勒，康维勒购买了布拉克的画，并与之签订合同成为布拉克的唯一画商。

通过康维勒，布拉克结识了阿波利奈尔，此人又在1907年的11月把布拉克介绍给了巴勃罗·毕加索。当时，毕加索刚刚完成他的作品《亚维农的少女》。布拉克看到作品后又震惊又激动：“毕加索就像刚刚喝了汽油，正在喷火！”布拉克放弃了野兽派。为响应《亚维农的少女》，布拉克创作了

★布拉克高大英俊，身材魁梧。他是狂热的运动员，也是技术不凡的业余拳击手。他和朋友们经常在画室里高谈阔论。

《裸体》(1908年)。然而,1907年塞尚作品展给他带来了深远的影响,布拉克开始专注于风景画,简化图形,限制用色,而不像野兽派那样使用奔放震撼的颜色。1907年和1908年,他回到埃斯塔克,开始尝试删略细节,把物体简化到最基本的图形。

布拉克和毕加索交情至深,工作在相邻的画室,地处巴黎的蒙马特区。毕加索有奔放冲动的力量,布拉克则向往规则的几何图形。"我们天天见面,天天交谈。在那些日子里,毕加索和我谈论的是从未有人谈论过的问题,没人知道如何谈论的问题,没人知道如何理解的问题。"立体派就从这种协作中产生。布拉克一直很谦虚:"立体派是在我的能力范围之内作画",他后来解释道。

1908年9月,布拉克给秋季沙龙上交了好几幅油画,但全都被拒绝。据说,画家亨利·马蒂斯既是野兽派的领袖又是秋季沙龙评审会的成员,他评价布拉克的作品是"由小立方体组成的"。11月,评论家路易斯·沃塞尔在吉尔·布拉斯报纸上看到了布拉克在康维勒画廊的个人展。沃塞尔批评布拉克在埃斯塔克创作的作品:"这个画家把一切,包括地方、人物和房屋,都简化成了几何图形和立方体。"于是,嘲笑声一片。1909年4月,"立体派"一词第一次被评论家查尔斯·莫里斯使用。

1911年,毕加索和他的爱人费尔南德·奥利维叶在比利牛斯山脉的一个叫塞雷的旧修道院避暑,布拉克加入其中。他和毕加索互相激励,彼此都达到了新的创作高度。毕加索把二人的先锋派艺术合作关系比作"动力飞行先锋"莱特兄弟的合作,还把布拉克叫作"威尔伯"(莱特兄弟之一,美国飞行发明家)。

布拉克和毕加索进入了分析立体派阶段,也就是把图形简化到几何图形,从多个视角描绘物体。那一年,布拉克把蜡印字母加入到自己的作品《葡萄牙人》当中。这是装潢师的技巧,用以夸张图画本身的二维特性。毕加索也开始效仿此道。

1912年，30岁的布拉克和马塞尔·拉普雷结婚了。新娘是费尔南德·奥利维叶的朋友，她一开始是由毕加索介绍给布拉克的。这对新婚燕尔的夫妻在亚维农附近的索格斯村租了一间房，毕加索和他的新欢马塞尔·汉伯特就住在附近。那年布拉克创作了他的第一幅拼贴画，把三张墙纸贴在了作品《水果盘与玻璃杯》上；而毕加索的第一幅拼贴画也于几个星期后问世。从那以后，布拉克和毕加索采用这一技巧的同时，还在不停地发明创新，引入了字母、歌词片断、广告海报的碎片、报纸头条、沙子以及绳索等，这标志着综合立体派的开始。布拉克还开始了纸质建筑的

★《葡萄牙人》，乔治·布拉克（1911年）

最开始布拉克专注于风景和建筑物，这样他的画作自然而然地有很强的几何结构。然而，《葡萄牙人》是值得关注的，因为它有象征意义——尽管很难看到形象，但这是早期立体派作品中出现蜡印字母和数字的作品之一。

创作和雕刻。

1914年8月，第一次世界大战爆发。布拉克和毕加索的合作由于布拉克应征去法国军队服兵役而结束。1915年，布拉克在战役中脑部受重伤，被丢弃在战场上等死。第二天，他被几个医生搭救并送到医院——在手术中他的部分头骨被揭开以缓解脑部压力。布拉克昏迷数日，在他的生日5月13日那天恢复了意识。在住院数月之后，布拉克回到索格斯村继续养伤。1916年，布拉克因其英勇表现被授予勋章，并因伤退伍。

★《玻璃杯和玻璃瓶》，乔治·布拉克（1913年~1914年）

布拉克运用拼贴画创造了"真"与"假"之间的崭新关系。他运用的材料是"真实世界"的片断，所以比画出来的要真实得多，但作为艺术作品明显还是假的。因为画家让真实的片断在平面的图形世界里担当非真实的角色。

亨利·劳伦斯（Henri Laurens）1885~1954

亨利·劳伦斯于1885年2月18日出生在法国巴黎。他原本学习装饰雕刻，在决心当画家之前是一名石匠。他基本上是自学成才的，最早期的作品显然是受到奥古斯特·罗丹的影响。在截肢手术后的养病期间，他在拉胡石学校遇到了包括费尔南德·雷捷和亚历山大·阿奇本科在内的好几位画家。1911年，他结识了乔治·布拉克，后来布拉克不但成为他艺术道路上的重要伙伴，还成了他一生的朋友。在布拉克的影响下，劳伦斯开始创作立体派的拼贴画和拼贴雕塑——采用各种各样的材料，如电线、纸板、木头、金属和镜子等等。

到了20世纪30年代，劳伦斯放弃了立体派，转而热衷于大型青铜雕刻。在第二次世界大战期间，他仍在巴黎继续工作。1954年5月8日劳伦斯逝于巴黎。

与此同时，由于战争的持续，康维勒作为德国人被迫离开法国。他当时正在撰写《立体派的诞生》一书，该书认定布拉克和毕加索是立体派的创始人。布拉克因仍处在伤势的恢复期，不能作画，他就把艺术创作的观察资料整理在一起。1917年，这些内容由诗人勒韦迪整理出版。

从1914年起，布拉克和毕加索之间产生了隔阂。毕加索周围的好几个作家质疑布拉克对立体派的贡献。这激怒了阿波利奈尔，于是他在1917年写了一篇言辞强硬的文章，声明布拉克对立体派的贡献与毕加索同等重要。（直到今天，毕加索的名字和立体派仍然紧紧地连在一起。）1917年，布拉克在得知毕加索给芭蕾舞做舞台设计和服装设计并和一个俄国贵族芭蕾舞演员结婚后深感厌恶。布拉克认为毕加索对上层社会妥协了。

同年年末，布拉克经历了漫长的休养恢复之后重新开始作画。尽管他仍然创作几何图形作品，但他运用了更加柔和、自然的线条。他也开始进行雕刻和平板印刷的实验。

战争接近尾声，法国的艺术界和文化界兴起了一场所谓“回归秩序”的运动，以展示历史根基、力量、连续性和自律。在很大程度上讲，布拉克赞同这些观点。至此，布拉克才被人们接受，他的作品在和他观点一致的富有而时尚的社会精英中很受欢迎。1922年，布拉克回到巴黎，在怡人的蒙马特区创办了画室。

同年，在“回归秩序”期间，布拉克以古典希腊神话为蓝本完成了一系列作品，多为女子拿着水果和鲜花，如《头顶供品篮的少女》，连同其他16幅作品于1922年在秋季沙龙的单独画室里展出。尽管布拉克批评毕加索给剧院设计场景和服装，但他在1923年和1925年也接受了为俄国芭蕾舞进行设计的任务。

战争期间，布拉克创作完成了许多幅主题类似的油画。他还完成了一系列壁炉作品——描绘在壁炉台上放置的静物，如乐器和水果。1928年，他又反其道而行之，静物作品改以桌面为主，1933年，他的第一次艺术回顾展在瑞士巴塞尔举行，这次展览奠定了他的国际声誉。

1940年，德国入侵法国。布拉克一家逃往比利牛斯山脉，于秋季返回巴黎。由于不能回到瓦朗日维尔的家，布拉克回到画室，只能画一些简单的室内静物，如脸盆架和桌面。1944年法国解放之后，布拉克回到瓦朗日维尔继续创作他的系列作品：台球桌和画室内部。1945年，布拉克生病并做了大手术，妻子马塞尔后来说，在布拉克养病期间，毕加索每天都来探望。

布拉克获得诸多荣誉，包括卡内基奖和威尼斯双年展锦标赛绘画奖。1958年，他获得法国荣誉军团勋章之司令勋位。布拉克晚年在世界各地多次举办了举足轻重的个人艺术回顾展。1961年12月，他成为第一个在卢浮宫展出作品的在世画家。即使人至暮年，他仍被人说成是“巴黎第一美男子”。他与妻子马塞尔·拉普雷携手走过半个多世纪，没有孩子。乔治·布拉克于1963年8月31日在巴黎去逝。

罗伯特·德洛内（Robert Delaunay）1885~1941

- 1885年4月12日生于法国巴黎
- 1941年10月25日逝于法国蒙彼利埃

主要作品

《圣塞夫林》（1909年~1910年）

《城市》（1909年~1911年）

《艾菲尔塔》（1909年~1912年）　《窗口》（1912年~1914年）

《同步：太阳、高塔、飞机》（1913年）

★《罗伯特·德洛内》，让·梅金捷（1906年）

尽管罗伯特·德洛内声称他讨厌城市生活，但他最著名的作品却是在庆贺都市生活的辉煌与丰富多彩，而且他经常体验生活中的美好——美食、美酒以及舒适的环境。

1885年，罗伯特·德洛内出生在巴黎一个有着贵族渊源的富裕而有教养的家庭。他的父亲，乔治·德洛内是一个成功的商人，母亲大部分时间都忙于旅游和与巴黎的精英们交际。

1889年，德洛内4岁时，父母离婚。他们的分手并不友好，从此断绝了往来。德洛内和他的姨妈姨父生活在布尔日市附近的乡村。他基本没再见过父亲，也只能在母亲旅游的间隙才能见到她。德洛内喜欢乡村和大自然，他说他厌恶城市和巴黎社会。

德洛内的母亲首先激发了他对艺术的兴趣。后来在学校，德洛内显然表现出对学习不感兴趣，只在艺术课和自然史课上很开心。这种态度致使他在巴黎和布尔日被学校开除。17岁时，德洛内告知家人他想当画家的想法，尽管家人对此事有所保留，但还是同意资助他。

德洛内并没有立刻去巴黎著名的艺术学校报名，而是在1902年，在巴黎郊外的贝尔维尔镇给一个名叫罗森的剧院布景画师当学徒。他和罗森学了两年，给剧院做布景装饰画。这是德洛内受到的唯一正规的艺术教育。在这期间，母亲是他的积极资助者。1904年，德洛内成为全职画家。

德洛内的早期作品受到印象派和新印象派的启发。1904 年，他在独立者沙龙展出了 6 幅油画。1908年，德洛内服完兵役后回到巴黎。

★《艾菲尔塔》，罗伯特·德洛内（1910年）

德洛内把艾菲尔塔作为创作主题是经过深思熟虑的，这与他的“同时性”观念紧密相连。艾菲尔塔事实上是为法国和巴黎建造的无线电通信枢纽，也就是说，艾菲尔塔是通过电波交流消除彼此距离的地方，因而德洛内把它作为“同时性”的象征。

1909年，德洛内在康维勒的画廊及特鲁德·斯泰因和威廉·乌德的家中被引入了立体派。在乌德的家里，德洛内认识了乌德的妻子索尼亚·特科。她和德洛内成了情人，1910年末结婚。他们的儿子查尔斯两个月后初出生。

德洛内夫妇认为画家可以运用不同的颜色来达到颜色的一致，这无异于作曲家和音符的关系。阿波利奈尔把德洛内的“颜色立体派”称作“欧飞尔立体派（韵律立体派）”或者“奥费主义”。

德洛内是一个很难相处的人，他对艺术创作过度痴迷，经常忽略自己和家人。第一次世界大战期间，他基本上都在西班牙和葡萄牙。那时，妻子索尼亚靠剧院设计师和室内设计师的工作养家。在这期间，德洛内基本没有创作出有长久价值的作品。

20世纪30年代初的经济危机给德洛内一家带来经济上的困难。因此，德洛内又开始做画和展览，这不但提升了他的知名度，还给他带来了经济效益。然而，1938年，他的健康出现了问题。1941年，德洛内因癌症逝于法国蒙彼利埃。

索尼亚·德洛内-特科（Sonia Delaunay-Terk）1885~1979

- 1885年11月14日生于沙皇俄国的乌克兰
- 1979年12月5日逝于法国巴黎

主要作品

《地毯》（1911年）

《电子的棱柱体》（1914年）

《米尼奥的市场》（1915年）

★德洛内-特科年龄还小时就被富有的舅舅亨利·特科和舅母安娜·特科收养。一家人游走各地，参观过许多欧洲顶级博物馆和美术馆。这样，索尼亚很小就对艺术产生了兴趣。

1885年11月14日，索尼亚·德洛内-特科出生在乌克兰一个贫穷的犹太家庭。她原名索非亚·斯特恩。她的父亲在一家钉子厂做苦力。她5岁的时候，父母准许索尼亚被舅舅亨利·特科收养，从此她住在圣彼得堡的舅舅家中，过着有教养的生活，接受私家教育。

16岁的特科开始在享有声望的圣彼得堡高等学校学习。美术老师发现了她的天分，恳请特科的父母送她去德国学艺术。他们同意了。1903年，18岁的特科被送到了卡尔斯鲁厄艺术学校。1905年，她又到了法国巴黎，在调色板艺术学院学习。

受到家庭的慷慨资助，特科全身心地投入巴黎艺术界。她遇到了画商威廉·乌德——一个重要的先锋派艺术收藏家和推动者。1908年12月，在去伦敦的途中特科和乌德结婚，让周围的朋友们大吃一惊。他们的结合一举两得，特科可以因此缓解家庭要她回国的压力，同时乌德积极地给特科操办个人作品展。

1909年，特科遇到罗伯特·德洛内，他们很快坠入爱河。乌德和特科于1910年离婚，而后不久

★《同步对照》，索尼亚·德洛内-特科（1912年）

特科既是画家又是服装设计师，涉猎先锋派艺术和前沿时装设计，把许多惊人的艺术理念极其成功地融人到商业时装设计中。

特科就嫁给了德洛内。他们的儿子查尔斯在两个月后出生。

特科专心发展奥费主义。在丈夫专注做画的同时，她自己的工作把她引领到另一个方向——她开始设计拼贴画、书皮和家具。

特科对19世纪法国化学家谢夫勒尔的色彩理论很感兴趣。谢夫勒尔发现我们对颜色的感知是随着相邻的颜色而发生变化的。1913年，特科开始运用色彩鲜艳的布料设计“同时”服饰，她还开了一家店，出售叫作“同时画室”的布料。

1914年，丈夫罗伯特沉迷于绘画，特科只能一人照顾因患伤寒发烧的儿子。直到1917年，她才得到在俄国的家人补贴给她的家用。然而，这些补贴在俄国革命之后就结束了。儿子查尔斯一恢复健康，特科就马上开始工作养家，还是做室内设计和剧院设计。

第一次世界大战之后，德洛内一家回到巴黎。1921年，特科和达达主义画家特里斯坦·查拉合作，研究女性服饰。她还在巴黎的索邦大学开讲座，内容是先锋派艺术对时尚的影响。

丈夫罗伯特1941年去世之后，特科变卖所有财产筹集资金给丈夫举办了艺术回顾展。20世纪50年代初，特科重新开始绘画，这不仅仅是因为她觉得凭自己的资历作为画家得到的认可还不够。1964年对特科的认可如期而至，她成为在卢浮宫展出作品的第一位在世的女性画家。她坚持工作，直到1979年12月5日在自己的画室中安详逝去。

雷蒙德·杜桑-维隆（Raymond Duchamp-Villon）1876~1918

- 1876年11月5日生于法国薄兰韦勒
- 1918年10月7日逝于法国坎城

主要作品

《波德莱尔》（1911年）　《麦琪》（1911年）　《恋人》（1913年）

《坐着的女人》（1914年）　《大马》（1914年）

★《雷蒙德·杜桑-维隆肖像》，雅克·维隆

杜桑-维隆家中好几个人都凭着自己的资历成了艺术家，包括他的两个兄弟加斯顿（后改名雅克·维隆）和马塞尔。

1876年，雷蒙德·杜桑-维隆出生在诺曼底首府卢昂附近的小镇薄兰韦勒。全家三个儿子四个女儿，他是家中第二个儿子。母亲是船商埃米尔·尼科的女儿，外祖父是个技术超群而且小有名望的画家和雕刻家，他的作品在家中随处可见。虽然是全职母亲，但杜桑-维隆的母亲仍是热情而又技术不俗的画家。她尽量把自己对艺术的热爱灌输给孩子们。杜桑-维隆的父亲是个公证人，后来当上了薄兰韦勒的镇长。他纵容孩子，对孩子们来说，父亲总是支持他们的。

杜桑-维隆在文化和艺术熏陶的环境里长大。他博览群书，学过乐器、下棋和绘画。他要成为全职画家的决定受到哥哥加斯顿的鼓舞。

和他的兄弟一样，杜桑-维隆曾走的是从医的学术路线，但同时他也在上艺术课。当上画家之后，他还对雕刻越来越感兴趣，并于1898年正式开始雕刻。1900年杜桑-维隆因感染风湿而不得不暂停医学研究，此后他便决定专注于艺术，并跟随加斯顿去了巴黎。

两兄弟要成为艺术家的愿望得到了父母的支持。父亲同意定期给他们提供生活费——说是就当提前支取遗产。杜桑-维隆是他在哥哥使用维隆这个名字之后采用的笔名。杜桑-维隆基本上靠自学成为雕刻家，所以或多或少受限于传统风格。1905年，杜桑-维隆在秋季沙龙上展出了作品。

从1910年起，杜桑-维隆参加了黄金分割小组诞生之前的讨论和争辩。在认识到立体派影响雕刻家的可能性后，杜桑开始删略创作对象的细节，简化对象直到抽象形式。到1914年，他被认

★《大马》，雷蒙德·杜桑-维隆（1914年）

《大马》是雷蒙德·杜桑-维隆一系列的雕刻作品之一，表现马的力量、动作和机械般的严谨。

为是少数立体派雕刻家的领军人物。

杜桑-维隆的后期作品是一系列"马"的形象。1912年，杜桑-维隆完成了一部关于马和骑马人的现实自然雕塑。两年过后，他把对马的描绘简化到了速度和力量的抽象表现。

1914年8月，杜桑在巴黎举办个人作品展览之后应征入伍。他被安置在巴黎附近作医务兵，他继续创作他的第五部，也是最后一部雕塑《大马》。

1916年，他在前线服役期间感染斑疹伤寒症，一直没有痊愈。1918年10月，杜桑-维隆在坎城病逝，死于肾衰竭引起的败血症。

艾伯特·格列兹（Albert Gleizes）1881~1953

• 1881年12月8日生于法国巴黎

• 1953年6月23日逝于法国亚维农

主要作品

《风景》（1911年）　《厨房里的女人》（1911年）

《丰收打谷》（1912年）　《入浴者》（1912年）

《足球运动员》（1912年~1913年）　《土尔风光》（1913年）

《斯特拉文斯基肖像》（1914年）　《舞者》（1917年）

★艾伯特·格列兹尝试过好几种艺术风格。在他的后期作品中，他试图采纳现代艺术的观点和主旨来表达自己的宗教信仰和对宗教的热爱。

1881年格列兹出生在巴黎。他是一位时尚而又成功的布料设计师的儿子，家中还有一个女儿。格列兹在巴黎郊区库伯瓦的家中长大，就读于夏普塔尔学院。他的画家生涯始于毕业后在父亲的设计室帮工。然而，格列兹是在1901年到1905年服兵役期间才正式开始绘画的。1902年，他首次在巴黎国家美术协会展出作品。1903年，他的作品又展出在秋季沙龙上。他的早期作品具有印象派风格，表现了他对社会正义的关注以及内心深处的精神价值观。

1908年，格列兹结识了画家亨利·拉·福科尼耶，当时这位画家正在探索有角度的绘画风格。尽管不是立体派画家，拉·福科尼耶的风格促使格列兹走向了崭新的绘画道路。格列兹采纳了塞尚的色彩方案和分面绘画。现在看来，当时格列兹的风格正在接近立体派。

1910年，格列兹和梅金捷、德洛内、雷捷还有拉·福科尼耶一道在独立者沙龙上展出作品。尽

★《弹钢琴的女人》，艾伯特·格列兹（1914年）

格列兹通常选用现代生活、农业、工作和体育作为创作主题。例如，《丰收打谷》（1912年）和《足球运动员》（1912年~1913年）。然而，他逐渐简化自己的绘画风格，很少绘制大幅风景画，而更多地描绘人们熟悉的场景，如《弹钢琴的女人》。

管他们的作品分散在几千几万幅作品当中，但艺术评论家们还是察觉到了其中的相似性。格列兹意识到他们的绘画风格类似，后来写道，“看起来我们成为一个团体是十分必要的。我们更应该互相学习，交换观点”。后来，还是在那一年，他们又在秋季沙龙上展出作品，这一次他们把作品尽可能地放在了一起。

1911年冬天，格列兹和其他人暗中策划在独立者沙龙上再一次同时展出作品。他们弄到两间相邻的展室，41室和它旁边的一间。格列兹是这次事件的“主谋”，事后人们称他们为“41室立体派画家”，称此事为“立体派运动”。

格列兹是1912年“黄金分割小组”的创始人之一。同年，他和让·梅金捷合著了极有影响力的《立体主义》一书。1913年，格列兹的作品出现在美国纽约颇具影响力的军械库展览会上。

第一次世界大战爆发，格列兹再次应征入伍。在这期间他尽可能地继续绘画，并开始创作抽象作品。1915年，他在战斗中受伤，同年秋天被军队遣返。他和年轻女子朱丽叶·罗什结婚，而后去了美国纽约，在蒙特罗斯美术馆展览作品。1916年，格列兹前往西班牙巴塞罗那，在达尔玛美术馆举办了一次重要的个人作品展览。

1917年，格列兹再次燃起对宗教的热爱。1920年返回法国之后，他开始写书，把立体派和13世纪的欧洲宗教艺术联系在一起。从20世纪20年代中叶起，格列兹开始以宗教为主题创作抽象画作和立体派作品。

1947年，格列兹的个人艺术回顾展在法国里昂和巴黎举行。他持续创作，直到1953年6月23日在法国亚维农离世。

胡安·格里斯（Juan Gris）1887~1927

- 1887年3月23日生于西班牙马德里
- 1927年5月11日逝于法国北部塞纳河畔的布洛涅

主要作品

《向毕加索致敬》（1912年）　《小提琴与版画》（1913年）　《朦胧日光》（1914年）

《约瑟特格里斯肖像》（1916年）　《带吉他的小丑》（1917年）

胡安·格里斯原名约瑟·维克多利亚诺·卡梅罗·卡洛斯·冈萨雷斯-佩雷兹，1887年出生在西班牙马德里，他是家中14个孩子中的第13个。父亲格里戈里奥·冈萨雷斯，是卡斯蒂利亚人，母亲伊莎贝拉·佩雷兹是安达西亚人。因为父亲是一个商人，所以家境富裕。但尽管家里有财富，有社会地位，胡安·格里斯的兄弟姐妹却大部分夭折了。后来环境发生改变家道中落，但是格里斯还是在有教养的中产阶级家庭环境中长大。

据姐姐安多尼埃达讲，格里斯6岁的时候就表现出对艺术的兴趣。上学的第一天，格里斯就在练习册的白页上画满了图画。格里斯的学习成绩不好，家人经常为此而争吵。后来，格里斯服从父母专心学业。从1902年到1904年，他在马德里美术与工艺学校学习科技工程和机械绘画。

格里斯坚持绘画，他的许多漫画、卡通画和插图刊登在马德里的报纸和杂志上。1904年他最终说服了父母允许他放弃学业开始艺术生涯。

1906年，约瑟故意选用了一个普通的笔名胡安·格里斯（其普通程度相当于英语里的约翰·格雷）。他认为马德里的限制性太强，没有新鲜的血液。当时许多西班牙画家都选择离开，大部分去了巴黎。而且，格里斯知道自己很快就要被征入伍。他在去法国之前把这个秘密告诉了姐姐。她们竭尽所能为格里斯的出行筹钱，格里斯甚至把床和床垫都变卖了！据姐姐讲，格里斯到巴黎的时候只有19岁，身上只有16法郎——相当于现在的几英镑或者几美元。

开始的时候，格里斯的生活拮据，但是他自尊心太强，不向家里要钱。他把自己画的插图拿到巴黎的多家杂志社去，这样，开始有人向他约画。在工作中，他逐渐认识了几个作家和诗人，包括作家阿波利奈尔和诗人勒韦迪。格里斯在积聚"资本"的过程中，欠过商店老板和杂货店的钱，也在绘画用品店赊过账。他把账目写在画室的墙上，长长的一列又一列，让勒韦迪帮他"求和"！格里斯也结识了几个西班牙侨民团成员。从1907年开始，他靠给巴黎和巴塞罗那的杂志画插图和漫画维持生计。

1908年，格里斯在毕加索工作的名叫"洗衣船"的地方也租了个画室，这里是蒙马特区拉维尼昂街13号。在这里，他加入了毕加索周围的先锋派画家和诗人行列，这些人中有布拉克、阿波利奈尔和勒韦迪等。也就是在这里，格里斯遇到了布拉克、毕加索和费尔南德·雷捷的唯一画商——先锋艺术画商康维勒。据康维勒讲，格里斯就是从那个时候开始绘画的，但是他的作品有四年没有公开（有人说格里斯1910年才正式开始绘画）。格里斯对毕加索和布拉克当时的作品很感兴趣。

★胡安·格里斯从祖国西班牙来到巴黎的时候还不到20岁，为的是逃避兵役。

1908年，格里斯和一个年轻女子保持了短暂的关系。1909年4月，格里斯的儿子出生，起名乔治·冈萨雷斯·格里斯。孩子出生后不久两人分手，儿子乔治被送回马德里，由格里斯的姐姐安多尼埃达抚养。

格里斯的早期绘画尝试的是后印象派风格的静物，但他在第一时间目睹了立体派的诞生，所以格里斯急切地踏上了立体派的艺术道路。1912年1月，画商克劳维·萨戈买进格里斯的好几

★《向毕加索致敬》，胡安·格里斯（1912年）

这是格里斯在独立者沙龙上展出的三幅油画之一，这幅作品遵循分析立体主义的限制用色原则。画中毕加索正翘着腿，手里拿着溅满颜料的调色板。阿波利奈尔对格里斯的天分感到欣喜，把格里斯的风格称作"完整立体派"。

幅作品，并在自己的画廊展出，这是格里斯作品的首次展览。从此格里斯结束了插图画家的生涯。同年3月，他在独立者沙龙展出了三幅作品。

1912年秋季，格里斯和雷捷、格列兹、梅金捷、德洛内、杜桑兄弟还有拉弗里奈一道在“黄金分割小组”展出作品。在西班牙巴塞罗那的达尔玛画廊和德国柏林狂飙画廊举办的立体派作品展上也有格里斯的作品。同年冬天，康维勒慷慨地与格里斯签订合约，购买他将来的作品和画室里现有的所有作品。据康维勒讲，“格里斯从此将全心投入绘画，再没有经济烦恼”。

格里斯似乎从一开始就完全领悟了立体主义，其早期作品所展示出的个性对立体派的发展影响巨大。1912年，他设计了一个格子结构的十字形嵌板：每一部分都是在从不同的角度展示主题。后来“黄金分割小组”的好几位画家都采纳了这种格子结构。格里斯创新的天分是急躁而又不安分的。1912年末，他又放弃了格子风格，开始把物体分割成几个竖直的长条。

1913年8月，格里斯和几个画家一起呆在比利牛斯山脉那个叫塞雷的旧修道院里。虽然还要工作，但这是他的第一个假期，格里斯感到舒适与轻松。当时毕加索也在，两人交换了很多想法，但毕加索在8月15日突然离开。格里斯一直呆到秋天，这期间他完成了许多佳作，但都在第一时间交给了康维勒。

1913年后期，格里斯与年轻女子夏洛特·埃尔潘相爱——其昵称约瑟特更为人们熟知。他们尽管没有结婚，但从1914年开始就像夫妻一样生活在一起，直到1927年格里斯离世。毕加索和布拉克的拼贴画问世不到一年，格里斯也开始把木屑、标签、报纸头条、乐谱还有书页粘贴到自己的油画上。从1913年到1915年，格里斯完成了自己的拼贴画作品，与毕加索和布拉克齐名。

在格里斯的拼贴画中，各元素就代表其本身：木屑代表木头、报纸就是报纸。在作品《小提琴和版画》（1913年）中，他把一块实实在在的版画钉在画框上作为背景；还在另一作品中安了一面镜子。“绘画作品可以再现物体表面，诠释声音。但怎样来表现镜子呢？镜子的表面总是在变化，能反射出观赏者——那只好钉一块真的镜子上去了。”

第一次世界大战爆发，格里斯的大部分法国画界朋友都应征入伍，好几个还在战争中受了伤。康维勒因为是德国人而被流放，法国政府查封了他的画廊。格里斯和约瑟特住在法国西南部的科利乌尔。战争期间，火车都用于军用运输，他们很难回到巴黎。在没有收入的情况下，格里斯只能依靠朋友，他和约瑟特住在一个来自马德里的朋友的父母家里。后来，画家亨利·马蒂斯也住到了这个地区。两人相处很好，成为了朋友。——这就是后来格里斯和毕加索关系紧张的原因，因为毕加索和马蒂斯是竞争对手。

1914年10月，格里斯终于回到巴黎。马蒂斯尽力安排画商来买格里斯的作品，作家格特鲁德·斯泰因也借钱给他。然而，格里斯的处境仍然很困难——他虽然和康维勒有合约，但康维勒却帮不上忙。1915年，毕加索给他介绍了法国画商罗森伯格，他同意在战争期间购买格里斯的作品。

格里斯和毕加索一样都没有参军。身为健康男性而不参军，又是外国人，格里斯在巴黎的出现引起了质疑。（然而他也不能回到西班牙，因为当初的离开就是为了逃避服兵役。）随着战争的继续，公众对先锋派艺术越来越反感，作为外籍非士兵画家的格里斯和毕加索所受到的影响尤为强烈。先锋派内部呼唤回归传统，后来诗人让·谷克多把这称作“回归秩序”。

“回归秩序”对格里斯是有用的约束。他很少在公众面前露面，基本上没有办过展览，他的作品开始靠近法国的伟大艺术作品和传统主题。1916年9月，格里斯陪约瑟特回家乡都兰博里小住，从此很少画静物，而完成了很多人物画。战争期间他的这类作品有：《弹曼陀铃的女子》（1916年），《约瑟特格里斯肖像》（1916年），《丑角》（1916年）和《带吉他的小丑》（1917年）。

1919年4月战争结束之后，格里斯在巴黎的罗森伯格现代艺术画廊举办了首次个人作品展。当康维勒1920年最终回到巴黎的时候，他这样描述格里斯：“我离开时留下了一个年轻的画家，

★《朦胧日光》，胡安·格里斯（1914年）

《朦胧日光》是仿木效果、拼贴画和绘画的巧妙结合，是格里斯1913年到1915年之间的典型作品。到1914年末，色彩在他的作品中的作用凸现出来。

回来却发现了一位大师。”但是在20世纪20年代，格里斯作品的质量急剧下滑。因为他受到胸病的严重困扰——开始以为是肺炎，1920年发展成了胸膜炎，后来也没有完全康复；同时，为迪阿基列夫的俄罗斯芭蕾舞团设计舞台布景和服装也占用了他好多时间。

毕加索要求自己圈子里的人绝对忠诚，如果不是这样，他就会像孩子一样地恼火。格里斯和马蒂斯友谊的发展惹恼了毕加索。毕加索，还有斯泰因，越来越鄙视和格里斯做朋友。他们还劝说康维勒终止和格里斯的合作。1921年5月，格里斯应邀为俄罗斯芭蕾舞《弗拉门戈舞场》工作。在格里斯生病不能继续设计的时候，毕加索介入了进来——实际上是为了破坏格里斯在俄罗斯芭蕾舞团经理迪阿基列夫心中的形象。

格里斯的健康每况愈下。他患有高血压，呼吸问题也一直困扰着他，但他仍然可以创作出高质量的作品，虽然情况不稳定。1925年，尽管格里斯经常和约瑟特去法国南部游览，但他的健康状况已经进一步恶化。

1926年，格里斯考虑加入法国国籍，遭到了在马德里的家人的强烈反对，但儿子乔治在信中说，他和父亲一样厌恶西班牙首都的生活。格里斯就把乔治从马德里叫到身边。那年后期，格里斯被诊断患有严重的哮喘病，不得不服用吗啡与病魔抗争。

1927年，刚刚过完40岁生日的格里斯乐观地为自己指出了一条崭新的艺术道路："我想，我要向着自我表现、画面表现和绘画语言三位一体的新阶段迈进。”此后不久，胡安·格里斯于1927年5月11日去世。

罗杰德·拉弗里奈（Roger de la Fresnaye）1885~1925

- 1885年7月11日生于法国勒芒
- 1925年11月27日逝于法国格拉斯

主要作品

《意大利女孩》（1911年）　《意大利女孩（青铜雕塑）》（1911年）

《圣女贞德》（1912年）　《征服天空》（1913年）

1885年，罗杰德·拉弗里奈出生在法国西北部萨尔特地区的勒芒镇，他的父亲是一名高级军官，当时正驻扎在此地。全家诺曼贵族出身，住在法国北部诺曼底法莱斯附近的德拉弗里奈城堡。

拉弗里奈受到与其社会背影相符的正统的文化教育。他从年轻时就决定学习艺术，并得到了家人的支持和资助。1903年，他来到巴黎，在朱莉安学院学习。后来，他又在著名的国立美术学院深造——直到1908年。1908年，他就读于朗松学院。

1910年，拉弗里奈在巴黎蒙帕纳斯的一个雕刻工作室结识了雷蒙德·杜桑-维隆。通过杜桑-维隆，他结识了几位沙龙立体派画家。他们的影响很快在拉弗里奈的作品中体现出来，尤其是作品《意大利女孩》（1911年）和第二年完成的几部风景画。在杜桑-维隆的鼓励下，拉弗里奈成为第一批探索雕刻的沙龙立体派艺术家之一。1911年，他基于自己的同名作品创作了青铜雕塑《意大利女孩》。

第二年，拉弗里奈在几位新朋友和塞尚作品的影响下形成了自己的立体派风格。他仍然忠实于传统绘画技巧，然而他是用立体派的观念在诠释传统画面，而不是建立崭新的激进立体派风格。比如说，与布拉克和毕加索的作品相比，拉弗里奈的作品保持了更多的“自然主义”（更确切地说是现实主义）色彩。拉弗里奈给自己的定位是时代历史画家。

1911年，拉弗里奈和他的立体派朋友在独立者沙龙和比利时布鲁塞尔的立体派展览会上一道展出作品。杜桑-维隆和拉弗里奈被选进1911年秋季沙龙的展览委员会，并共同策划把所有的立体派作品集中在同一间展室——第8室。立体派画家在独立者沙龙上的计划惹来了争吵不断。

★《自画像》，罗杰德·拉弗里奈（1907年~1908年）

在人们眼中拉弗里奈不仅是一位画家，而且也是尝试用雕塑表现立体主义的第一批沙龙立体派艺术家之一。

一个愤怒的评论家写道："立体派极其渴望公开和吵闹。"

1912年，拉弗里奈加入"黄金分割小组"，并定期拜访杜桑兄弟的画室。尽管总是被看作非创作性画家，拉弗里奈却让普通人都知道了什么是立体主义。事实上在1914年前，他就在普及立体主义和扩大立体派的影响方面做了很多工作。

拉弗里奈的后期作品明显受到费尔南德·雷捷和罗伯特·德洛内的影响。尤其是德洛内，他对拉弗里奈的用色影响很大。1913年，拉弗里奈成为德洛内"欧飞尔立体派"或"奥费主义"的追随者。

第一次世界大战期间，拉弗里奈在法国参军。他在战壕中给战友们画像。他服役三年，但是感染了肺结核。1917年，他身体状况仍不理想因病退役。考虑到健康因素，拉弗里奈搬到法国南部山区的格拉斯镇居住，那里气候温和。然而，他还是没有长时间工作的体力。在那里，他创作了大量的立体派水彩画和素描画。拉弗里奈在他的晚年放弃了立体主义，而采用了更为传统和装饰风格的画法。1925年11月27日，拉弗里奈在格拉斯去世。

费尔南德·雷捷（Fernand Léger）1881~1955

- 1881年2月4日生于法国诺曼底阿尔让坦
- 1955年8月17日逝于法国吉夫伊凡特

主要作品

《正在缝衣的女人》（1909年）　《三个肖像》（1910年~1911年）　《吸烟的人》（1911年）

《婚礼》（1911年~1912年）　《形状对照》（1913年）　《林中屋》（1914年）

《玩牌者》（1917年）

费尔南德·雷捷出生在诺曼底阿尔让坦的一个乡村家庭，提到他的诺曼人血统，他总是很骄傲。雷捷就读于当地的学校，在一所天主教学校完成了学业。父亲亨利·阿曼德·雷捷是牲畜商人，脾气暴躁，好吵架。雷捷回忆说，"圣洁的母亲一生都在弥补父亲闯的祸"。雷捷还小的时候父亲就去世了，是母亲玛丽·阿代·登屋依靠农场把他抚养长大。尽管对艺术感兴趣，但16岁的雷捷还是被送到卡昂做了两年建工学徒。这两年的所学对他今后成为艺术家毫无用处。

1900年，19岁的雷捷来到巴黎，靠在各种建筑公司打工挣钱维持生计。1902年到1903年，他作为工兵服兵役，驻扎在巴黎外的凡尔赛。而后，他没有通过国立美术学院的入学考试，却在另一所巴黎的艺术学校——装潢艺术学校，得到了入学资格。（他还在国立美术学院听一个叫作杰诺姆老师的课，他的课对公众开放。）雷捷又在朱莉安学院学习，经常参观卢浮宫。他还在经济条件允许的情况下到科西嘉岛旅游作画。为了生活，雷捷做过兼职建筑制图员，也在摄影工作室做过修饰照片的工作。

雷捷和同时代的许多画家一样，刚开始绘画都是仿效印象派画家的作品。1907年，他参观了塞尚的艺术回顾展，他的作品很快就体现出他对塞尚的崇拜。（雷捷把塞尚描述为“介于现代画家和印象派画家之间的过渡艺术家”，并承认自己用了三年的时间才摆脱掉塞尚的影响。）他同样也受到了野兽派的影响。1908年，雷捷在拉胡石学校创办画室，并在那里和雕刻家亨利·劳伦斯、雅克·利普兹还有亚历山大·阿奇本科成为了朋友。1909年，他又结识了罗伯特·德洛内，马克·夏加尔，还有诗人阿波利奈尔。（1909年，他在参观康维勒的画廊时第一次见到了毕加索和布拉克的作品。）

1909年，雷捷坚定地转换了艺术风格——他自认为是立体派。他放弃了野兽派的华美风格，开始限制用色。为了和自己的过去决裂，雷捷几乎毁掉了所有早期的作品。雷捷的第一次立体派尝试是作品《正在缝衣的女人》（1909年）。1909年和1910年，雷捷在秋季沙龙上展出作品。1910年，秋季沙龙之后，艾伯特·格列兹劝说雷捷与沙龙立体派画家取得联系。雷捷也向康维勒

★雷捷身材高大魁梧，穿着严肃。他在画室所戴的布帽子的帽边被严重烧焦，这是他弯腰司炉的结果。

售出了几幅作品。

受到首次目睹布拉克作品（1909年）的影响，雷捷创作了一系列的立体派城市风景画。然而，尽管受布拉克的影响，后来又成为“黄金分割小组”的成员，雷捷和成熟的立体派还是保持

★《婚礼》，费尔南德·雷捷（1911年~1912年）

作品的创作源于一个朋友的婚礼，描绘人群中的婚礼进程。用重叠的几何图形把人群中的个体合为一体，加上画中远景建筑物的表现，雷捷就这样呈现出富于动感的动态场面。

安德烈·洛特（André Lhôte）1885~1962

安德烈·洛特于1885年出生在法国的波尔多。1905年，他来到巴黎自学绘画。1910年，他在巴黎的一间小画廊举办了首次个人作品展。他就这样和好几位沙龙立体派艺术家取得了联系，比如说雷捷。他们劝说洛特采纳更为明显的立体派风格。1911年，他在秋季沙龙和立体派画家一起展览作品。

洛特创作的主题包括风景、肖像、静物、室内和神话情景。他最有名的作品是《玛格丽特肖像》（1913年）。他想通过写作和老师的身份来发展立体主义理论。结果，他常常被认为是“立体主义学者”。1917年到1940年，他作为评论家通过他的艺术学校（蒙帕纳斯学院，建于1922年）着实影响了很多画家。

着一定的距离。他经常在作品中注入动感和活力，这是布拉克和毕加索的作品所不具备的。在作品《三个肖像》（1910年）、《吸烟的人》（1911年）和《婚礼》（1911年~1912年）当中，雷捷试图通过展现众多的手、脸、色彩和烟圈来捕捉动感。他还意识到汽车、飞机和火车的速度会改变人们观察事物的方式。就像他后来所说，“火车的车窗、汽车的挡风玻璃……运行的速度，都会改变我们所熟悉的事物的样子。现代画家与18世纪的画家相比，可以多表现一百多种感想”。到1911年，雷捷形成了自己的立体派风格。

1912年，雷捷在康维勒的画廊举办了首次个人作品展。1913年，康维勒和雷捷签订正式合约购买其画作。雷捷的叔叔是一个公证人，原本想方设法让雷捷放弃艺术，但当他看到合约的价值后便立刻改变了主意！那一年，雷捷搬进蒙帕纳斯的一间画室，那也就是他后来四十多年的家。

与康维勒的合约给雷捷提供了进行艺术尝试的广阔空间。雷捷对色彩的兴趣日渐强烈，曾有一段时间，他很高兴别人叫他“奥费主义画家”。对色彩的偏爱导致了一系列作品的诞生，像名为《形状对照》的作品（1913年），这是他最早的抽象作品，似乎也反映了他的前进方向。同年，他参加了纽约的军械库展览会，这是美国首次介绍欧洲先锋派艺术。1913年和1914年，雷捷在巴黎的沃斯莱夫学院做有关现代艺术的公开讲座这一消息，广泛刊登在法国、德国和意大利的媒体上。

★《形状对照》，费尔南德·雷捷（1913年）

1913年短期内，雷捷完成了一系列的抽象画，或者叫作非形象画，取名为《形状对照》。作品由几何图形和基本的色彩组成，没有表现实实在在的事物。雷捷很快放弃了这种画法，重新开始用作品展现现实。

然而，1914年8月，雷捷被征入伍参加第一次世界大战。1916年之前，他一直在西部前线服役。开始是在阿尔戈纳作挖战壕、建防御工事以及修坟墓的士兵，后来在凡尔登作担架手。他的经历不但对他的心灵震动很大，更加促使他成为一名画家。这些经历摧毁了他心中对战争荣誉的浪漫想法。

雷捷的经历使其激进地改变了对艺术及其社会地位的看法，"我发现我和全体法国人民站在一起……我的同伴是矿工、木工或者铁匠等劳动者。我找到了法国人民。"1915年，他拒绝丢下战友，调往相对舒服的法军伪装部队，决心创作准确强硬的作品，正如战友们常说的那样"直中要害"。他相信艺术应该反应劳动人民的现实生活。

精密的工程技术之美对雷捷的影响甚为严重，"在阳光下，当我从75毫米大炮的后膛看进去，看见白色金属反射出的光线我震惊了。"他争分夺秒地画画。每次休假回巴黎，他都把一捆捆的草图丢给女友让娜。

1916年9月，雷捷毒气中毒，被送往维勒班特的一家医院，休养一年多。就是在这里，他又开始绘画。1917年末，雷捷出院并因病退役。他在住院期间完成了许多幅油画作品。1919年，雷捷和女友让娜在巴黎结婚。

20世纪20年代，雷捷做过很多事情，包括画插图、设计舞台布景、四处旅游和演讲。1924年，雷捷和画家阿梅德·奥占芳一起在巴黎创办现代艺术学校。他还在雷诺汽车厂给工人开设绘画课程。1924年，雷捷尝试创作电影《机械芭蕾》。社会和政治责任对雷捷越来越重要。同期，雷捷和让娜的婚姻破裂。到20世纪30年代，雷捷有意将自己的作品联系大众文化（尤其是电影和广告），旨在让人民对此有更多的了解。

20世纪30年代，欧洲局势紧张。经济萧条和失业不但导致贫困，还激化了左翼和右翼的矛盾。雷捷在同情心的驱使下加入流行前线，这是一个法国社会主义者和共产党的联盟。

1940年5月，第二次世界大战期间，德军入侵法国。雷捷住在自家的农场。他的政治行为让他成了名人，所以不得不逃往南部。他首先到了波尔多，后来到了地中海港口马赛。10月末，他设法上船去了美国的一个小村庄。在20世纪二三十年代，雷捷去过几次这个村庄。战争期间，他一直在美国耶鲁大学和加州米尔斯学院教书。这期间，杂技演员和骑脚踏车的人是他最喜欢的绘画作品主题。雷捷在1945年解放后不久就回到法国，立刻投身政治活动，加入法国共产党，让自己的艺术“服务人民”，而且他又重开艺术学院。

雷捷在继续绘画的同时，在1949年创办了制陶工作室，还研究镶嵌和挂毯。他喜欢参与公众事业。他虽然信仰共产主义，但仍然接受为教堂（例如，欧丹库尔教堂）绘制彩色玻璃的任务。

1952年2月，雷捷和纳迪娅结婚。纳迪娅是雷捷现代艺术学院1924年的学生，而且也是雷捷多年的助手。他们婚后搬到吉夫伊凡特的新家。

雷捷坚持工作，直到1955年因心脏病猝死于家中。

雅克·利普兹（Jacques Lipchitz）1891~1973

- 1891年8月10日（按俄国新年历记为8月22日）

生于沙皇俄国立陶宛

- 1973年5月26日逝于意大利卡普里

主要作品

《带吉他的水手》（1914年）　《舞者》（1915年）

《拿吉他的人》（1916年）

★*利普兹极其清楚自己的犹太血统。20世纪30年代，随着纳粹的威胁升级，利普兹的作品开始表现即将来临的冲突，如其作品《强暴欧洲》。*

1891年，雅克·利普兹出生在沙皇俄国立陶宛的一个富足的犹太家庭。年轻时的他学习工程，对现代艺术并不感兴趣。然而，令人兴奋的法国先锋派艺术燃起了他的好奇心。1909年，他在家人的资助下前往巴黎。最初，他学习的是古希腊艺术、埃及艺术和罗马艺术。

利普兹在国立美术学院学习了两年雕刻。其早期作品受到法国雕刻大师奥古斯丁·罗丹的赞赏。1912年，利普兹和伯莎结婚，婚后迁往拉胡石学校，他的画室和雕刻家布朗库西的画室相邻。尽管布朗库西不是立体派艺术家，但他对年轻的利普兹触动很大。

1912年到1913年间，利普兹回到俄国在沙俄军队服兵役。他在军中患病，最后因病退役。1913年，他回到巴黎，结识了毕加索。利普兹从1913年起才算是一个立体派艺术家。他全心工作，创作雕塑，如《带吉他的水手》（1914年）。从1915年起，他采纳拼贴的技法所完成的作品和毕加

★《阿勒甘》，雅克·利普兹（1919年）

音乐家、演员，尤其是丑角，是大多数主要立体派艺术家的创作主题。尽管利普兹与立体派渐行渐远，但这部1919年的作品清楚地再现了立体派的强大影响。

索1912年以来的雕塑相似。

到第一次世界大战结束，利普兹的作品就不那么抽象了。他钟爱的创作主题是乐器，不久这也成为其雕塑的重要元素。1920年，富商美籍收藏家艾伯特·巴恩斯从利普兹手中买进一些作品，他也开始按约工作。这给利普兹带来了更大的创作空间，也就是说，他可以在更为昂贵但也更为持久的青铜上雕刻。同年，利普兹在罗森伯格现代艺术画廊举办了首次个人作品展。

1924年，利普兹从巴黎迁往塞纳河畔的布洛涅，并开始创作一系列的青铜雕塑，这一系列作品被称作“透明雕塑”或“开放雕塑”。1928年，利普兹加入法国国籍。

1940年德军入侵法国之后，因急于逃离纳粹对犹太人的迫害，利普兹和妻子躲藏在法国南部城市图卢兹。1941年，他们逃往美国并定居。20世纪40年代期间，利普兹为公众事业创作过不朽巨作，这使利普兹享有国际声誉。

第二次世界大战之后，利普兹回到法国。他和伯莎离婚，与一个雕刻家再婚。1946年利普兹夫妇回到美国，生有一个女儿，这促使了好几部母爱作品的诞生。

1952年，利普兹画室的一场大火烧毁其大量早期作品和尚未完成之作，这迫使他加紧创作。到1955年，他创造出所谓的“半成品”——在水中凭触觉制作的黏土模型，然后再浇铸成青铜雕塑。

利普兹生命的最后十年基本上都是在意大利卡普里岛度过的。他持续工作，但现在看来那些为巨作所付出的努力是不切实际的。1973年5月，利普兹离世。

让·梅金捷（Jean Metzinger）1883~1956

- 1883年6月24日生于法国南特
- 1956年11月3日逝于法国巴黎

主要作品

《立体主义风景画》（1911年）　《喝茶时间》（1911年）

《格列兹肖像》（1912年）　《咖啡馆舞者》（1912年）

《戴帽子女人的头像》（1912年）　《静物》（1917年）

★《让·梅金捷肖像》，苏珊·弗卡斯（1926年）

作为毕加索、布拉克和沙龙立体派艺术家的朋友，让·梅金捷是秘密发展的蒙马特区立体派和较为公开的沙龙立体派的联系人。

1883年，让·梅金捷出生在法国南特一个富裕的家庭。尽管是个敏锐的艺术家，但他原本在家乡学医，把绘画只作为业余爱好。然而，他在1903年独立者沙龙上展出作品受到的赞誉促使他决定放弃学业，追求艺术。1905年，梅金捷前往巴黎，遇见了罗伯特·德洛内。他们对新印象派有共同的兴趣，经常一块儿作画。从1906年起，梅金捷定期参加沙龙展览，并成为独立者沙龙的展出委员会成员之一。

1908年，梅金捷和毕加索、布拉克在威廉·乌德的画廊办展览。毕加索对梅金捷的影响很深，长达几年。和其他画家相比，梅金捷和毕加索、布拉克的风格最相近。

梅金捷劝说立体派画家齐心协力共同改革绘画。1910年在独立者沙龙上展出作品的五位画家——梅金捷、格列兹、德洛内、雷捷和拉·福科尼耶——又在1910年的秋季沙龙办展览。梅金捷劝说评论家、作家朋友罗杰·阿兰德评价展出的作品。阿兰德的文章率先指出，艺术正在试图分析物体，而不是简单地再现它们。

秋季沙龙之后不久，梅金捷写了一篇名为《有关绘画》的文章。他在文章中把毕加索、布拉克所做的一切和其他画家如：德洛内、格列兹、雷捷等等的努力联系在一起。他还试图阐述立体派表现的是“新古典主义”——立体派并非与过去决裂，事实上是紧密地联系古典主义，尤其是法国古典艺术。梅金捷又努力挽回沙龙立体派艺术家的声誉，因为他们曾被阿波利奈尔谴责剽窃毕加索的创意。

梅金捷在1911年那次“不光彩”的独立者沙龙事件中扮演了领导者的角色。阿波利奈尔对

★《咖啡馆舞者》，让·梅金捷（1912年）

《咖啡馆舞者》是一个很好的例子，体现了梅金捷把现代主题、现代绘画技巧与长久不衰的古典主义相结合，也就是用传统的绘画语言表现舞者的现代时尚。

那次展览作了评价，他赞扬在41室中所看到的一切，并单独指出，梅金捷是沙龙画家中唯一一位真正的立体派画家。

1911年，梅金捷结识了杜桑兄弟。1912年，他在"黄金分割小组"上展出作品《格列兹肖像》。同年，梅金捷与格列兹合著《立体主义》一书。这是首次对立体主义进行理论分析。这本书很有影响力。

梅金捷在第一次世界大战中参战，但于1915年遣返。1916年，他与马塞尔·杜桑、艾伯特·格列兹在美国蒙托洛斯画廊办展览。1919年，梅金捷回到巴黎，在此度过余生。20世纪20年代，梅金捷放弃了立体派，选择了更为现实的绘画风格，这多少受到了费尔南德·雷捷的影响。然而，他在20世纪40年代所完成的好几部作品都表现出对立体派的部分回归。梅金捷生前一直是法国画界举足轻重的人物，1956年他在法国巴黎去世。

弗朗西斯·皮卡比亚（Francis Picabia）1879~1953

- 1879年1月22日生于法国巴黎
- 1953 年 11 月 30 日逝于法国巴黎

主要作品

《春之舞（一）》（1912年）　《春之舞（二）》（1912年）　《行进在塞维利亚》（1912年）

《乌德妮》（1913年）　《艾德塔奥尼斯尔》（1913年）　《记忆中又见爱人乌德妮》（1914年）

《爱的游行》（1917年）

弗朗西斯·皮卡比亚原名弗朗索瓦·马里·马丁内兹·皮卡比亚。他的父亲是古巴外交官，母亲是法国人。父母给他留下的财富足够他用来追求艺术，无需再为生计烦恼。他在巴黎长大，一直为实现艺术理想而努力。他曾在国立美术学院和装潢艺术学院学习，曾师从伟大的印象派画家卡米耶·毕沙罗。

皮卡比亚编造过许多和他少年有关的荒诞故事。他声称他在16岁的时候和一位老妇人逃往瑞士，他在那里见到了德国哲学家弗里德希·尼采。不管这种说法是真是假，尼采的"超人"哲学的确影响了皮卡比亚。皮卡比亚终生迷恋机械，他拥有大量汽车，至少12艘游艇。这对他的艺术影响很大，他梦想创造出一个人与机械的完美结合体——超人。

皮卡比亚在短期内转换了好几种绘画风格。1903年，他在印象派画家的鼓励下在秋季沙龙和独立者沙龙上展出作品。首次个人作品展于1905年举办。到1908年，对皮卡比亚作品影响最大的是野兽派奔放的色彩以及象征主义。1909年，他开始对立体派的发展有了兴趣。

1912年初，皮卡比亚和加布里埃尔·碧费结婚。新婚蜜月是皮卡比亚好几部作品的创作源泉，如《春之舞（一）》（1912年）和《春之舞（二）》（1912年）。这两部作品同属立体派画作。皮卡比亚后来成为黄金分割小组的创始人之一。1912年6月，皮卡比亚的作品出现在杜桑兄弟在鲁昂诺曼底举办的一次画展上。实际上，这是皮卡比亚和立体派画家的第一次合作展览。

★《弗朗西斯·皮卡比亚》，保罗·德尔梅（1920年）

皮卡比亚是一个非凡而独特的画家。他完成了好几部颇受欢迎的风景画，风格受到印象派画家阿尔弗雷德·希斯黎的影响。但最值得一提的是，他在短期内连续转换了一系列当代的艺术风格，包括象征主义、新印象派和野兽派。

1912年，皮卡比亚的作品《春之舞（一）》在秋季沙龙上展出，同时展出作品的还有其他几位黄金分割小组的画家。其中1912年10月，皮卡比亚和碧费、阿波利奈尔、杜桑驾车出游到汝拉山脉度假。对其中两位画家来说，这不仅仅是一次度假。据碧费回忆，“旅途中妙语连珠……”。皮卡比亚和杜桑开始沿着同一个艺术方向前进，这最终带他们远离了立体主义。

1913年2月，皮卡比亚为军械库展览而来到美国。他是唯一一个支付得起旅费前去参展的欧洲画家。他又在画商阿尔弗雷德·斯蒂格利茨在纽约291画廊举办的展览上展出作品。斯蒂格利茨也是一位摄影师，决心把欧洲的现代艺术介绍给美国民众。皮卡比亚在斯蒂格利兹的杂志《摄影作品》上发表了他的第一部“机械绘画”。

由于皮卡比亚采用鲜艳的色彩，又偏向立体派的抽象形式，阿波利奈尔把他定为“欧飞尔立体派”。典型作品有《乌德妮》（1913年）和姐妹篇《艾德塔奥尼斯尔》（1913年）。这两部作品都在1913年的秋季沙龙上遭到批评，但是皮卡比亚并不放在心上。他把这些作品解释为“美国的回忆”，都是有感于在纽约的日子而创作的。事实上，《乌德妮》和另一部作品《记忆中又见爱人乌德妮》是基于皮卡比亚的一次艳遇而创作的——他在大西洋航海时认识了一个叫乌德妮的芭蕾

★《行进在塞维利亚》，弗朗西斯·皮卡比亚（1912年）

皮卡比亚曾在复活节圣周期间看到一队包头巾的悔罪者行进在西班牙南部城市塞维利亚。这部作品由此产生。

舞演员。

1914年，皮卡比亚被征入法国军队。1915年，他被派往古巴购买糖蜜。然而，皮卡比亚借机回到美国，联系上了马塞尔·杜桑和其他几位艺术家，包括画家摄影师曼雷。他对机械和自动化越来越感兴趣，他坚信能够把艺术和科技合二为一。

皮卡比亚很快就陷入达达主义艺术当中，并给斯蒂格利茨出版的杂志《291》投稿。欧洲的达达主义有政治元素——达达主义者坚信艺术和艺术家势必因第一次世界大战的杀戮而改变。他们也拒绝民族主义和唯物主义，认为民族主义和唯物主义是导致战争的首要因素。皮卡比亚和纽约的达达主义者并不关心战争，反而更关心艺术界。在他们眼里，立体派是一种革命艺术，立体派已经"人尽皆知"，立体派画家是艺术界当中自鸣得意的一部分人，艺术的使命就是惊醒民众的自满。

尽管很富有，但皮卡比亚却是个天生的叛逆者。他遗弃了传统艺术和先锋派艺术，认为他们都太传统，并发誓与立体派为敌。其中最出名的一件事是他曾展出一只布偶猴子，标签是塞尚肖像、伦勃朗肖像，还有雷诺阿肖像。皮卡比亚于1916年末返回欧洲，在西班牙巴塞罗那定居休养，以恢复因过度吸食鸦片和过度饮酒造成的身体伤害。1917年1月，皮卡比亚创刊达达主义杂志《391》，以此来纪念斯蒂格利茨的《291》杂志。同年后期，他回到美国，在马塞尔·杜桑的帮助下继续出版《391》。

1919年皮卡比亚在瑞士生活一年之后返回巴黎，用杂志《391》谴责秋季沙龙藏匿他的"生物机械"画作《儿童汽化器》（1919年）。这次矛盾把他推向了新一代巴黎达达主义运动的前沿。尽管发誓与立体派为敌，但皮卡比亚还经常把立体派的拼贴技巧用在自己的作品当中。因为达达主义是反传统的，因而不能持久。皮卡比亚又和布勒东一道反对其他几位达达主义画家。1923年，布勒东在一次达达主义事件中兴风作浪，此事最后以暴力解决。布勒东在1924年创立超现实主义，皮卡比亚却独自一人公然抨击“达达主义不再是新鲜事物”。

尽管有超现实主义者否定皮卡比亚，说他“早已过时”，但皮卡比亚却探索超现实主义很多年。他声称，达达完了，接着就是超现实主义。1923年，他搬到巴黎附近，回归形象艺术（这是一种基于可识别物体的艺术倾向）。1924年，皮卡比亚在自己的杂志《391》上攻击布勒东和超现实主义。从1924年到1936年，皮卡比亚在法国南部居住。他拥有一座塔状的房子，有一辆赛车固定在塔顶一个巨大的放射状支架上，这样皮卡比亚就可以坐在车里旋转，看着身边的景色一闪而过，他的作品也日渐抽象。

第二次世界大战期间，皮卡比亚住在北非和西班牙，他基本上失去了与当代艺术家的所有联系，曾有一段时间他的作品表现得很传统。1947年皮卡比亚返回巴黎，与老朋友取得联系之后又开始满怀激情地创作了。他的妻子碧费说，“他把他的一切都给了绘画”。1949年，皮卡比亚艺术回顾展在巴黎举行。名为《491》的展览目录中出现了其他画家的作品，包括布勒东和让·谷克多。

1951年，皮卡比亚获得法国军团荣誉勋章。1953年他在巴黎去世。

巴勃罗·毕加索（Pablo Picasso）1881~1973

- 1881年10月25日生于西班牙安达卢西亚地区的马拉加市
- 1973年4月8日逝于法国的幕瞻市

主要作品

《斯坦因画像》（1905年~1906年）

《亚维农的少女》（1907年）

《佛拉的肖像》（1910年）

《装水果的碗、小提琴和红酒杯》（1912年~1913年）

《丑角》（1918年）　　《三个音乐家》（1921年）

《三个舞蹈家》（1925年）

★毕加索和费尔南德·奥维利叶住在蒙马特区的一个废楼里，将之取名为“洗衣船”。这里吸引了一批有才华的朋友。毕加索在这里挂了一块牌子，写着“诗人聚集地”。后来这段日子被当作“黄金时期”留在毕加索的记忆里。

毕加索的出生很具有戏剧性。产婆原以为他是个死婴，把他丢在一边而去照顾他的母亲。毕加索的叔叔适时地冲着小婴儿的脸蛋吐了一口烟气，随着一声愤怒的哭泣，毕加索呼出了他生命中的第一口气。

毕加索的父亲，荷西·路易兹·布拉斯科是位画师，曾做过美术馆长，也曾在西班牙的马拉加教授过绘画。母亲名为玛莉亚·毕加索·洛佩兹。毕加索在会说话之前就能用画让别人了解他的意图，他开口说的第一个单词竟然是“铅笔”！1888年，毕加索在父亲的指导下开始绘画。

1891年，毕加索全家搬到了西班牙的拉科鲁尼亚，他的父亲在当地的美术学院教书。1892年，毕加索成为该校的学生。那时只有10岁的毕加索却选择了成年人的科目：肖像与风景。1895年，毕加索的父亲开始在巴塞罗那美术学院任教，他希望毕加索以高年级学生的身份进入这所学校。一般来说，学生要在规定的一个月之内完成入学考试题目，毕加索竟然只用了一天！

1900年，就在毕加索19岁生日前夕，他来到了巴黎。在接下来的几年当中，他经常往返于巴黎和西班牙。当时的他感到孤立无援、精神沮丧，这种感觉在1901年他的好友卡萨吉马斯自杀之后更为强烈。毕加索在他的画作中大量使用蓝色调来表达孤独。绘画的主题多为受害者。这就是大家熟知的毕加索的"蓝色时期"。

1904年毕加索定居巴黎。他遇到了美丽聪慧的年轻姑娘费尔南德·奥利维叶。与奥利维叶携手，毕加索找到了家的平静。他的作品开始采用粉红色调，这也就是我们知道的"玫瑰时期"。在这一时期，他有两部作品很突出：《斯坦因画像》和《拿调色盘的自画像》。这两部作品明显受到了原始艺术的影响，同时也显示出毕加索绘画的发展方向。古欧洲人的手工制品，还有来自非洲、拉丁美洲和太平洋岛的面具、小雕像都让毕加索着迷。他开始创作《亚维农的少女》（1907年）草图，许多作家把这一作品视为立体派的开端。

1908年夏，毕加索新交的朋友乔治·布拉克住在埃斯塔克，而毕加索正在巴黎附近瓦兹河上的一个小山村采风。他在这儿完成的几部作品风格与布拉克当时的绘画风格很相似。

从1909年开始，毕加索和布拉克开始密切合作。布拉克专注于静物和风景，毕加索则集中精力于人物绘画。1909年夏，毕加索整个夏天都住在西班牙加泰罗尼亚地区的一个山庄里，受到布拉克埃斯塔克立体派风景画的启发，完成了他自己的立体派风景画。这并不能完全归功于他一人。事实上，毕加索花费大部分精力绘制的立体派头像和立体派半身像或多或少地可以找到奥利维叶的影子。回到巴黎之后，毕加索以作品《女人和梨》（1909年）为蓝本用青铜雕刻了《奥利维叶头像》（1909年）。这是毕加索第一座真正的立体派雕塑。

毕加索在威廉·乌德画廊展出了他1908年到1909年的作品之后，旅居到西班牙加泰兰海岸上的一个小港口。尽管当时越来越多的艺术家开始采纳立体派思想，而且立体派作品不断问世，但在巴黎，毕加索和布拉克以及其最亲密的人都保持着低调。他们只在诸如康维勒、乌德和佛拉等画商的画廊里展出作品。这一策略果真奏效。谣言、艺术评论家的评价都给他们本人及其作品蒙上了一层神秘的面纱。1909年，毕加索在慕尼黑和伦敦举办了画展，第二年又在纽约办了画展。

到了1911年，毕加索和布拉克的合作已经相当密切，很难分辨出作品的创作者是毕加索还是布拉克。毕加索和费尔南德在比利牛斯山脉的一个叫塞雷的旧修道院里度过了那年夏天，后来布拉克也和他们住到了一起。毕加索和布拉克把字母、歌词片断还有广告海报和报纸标题的

★《佛拉的肖像》，巴勃罗·毕加索（1910年）

毕加索给画商佛拉画的肖像是立体派肖像画的典型——对人物进行多角度分析，这是该人物自己都很难观察得到的。

路易斯·马库锡（Louis Marcoussis）1878~1941

路易斯·马库锡在波兰出生，原名路易斯·马库斯。1903年他抵达巴黎，采用印象派绘画风格。1907年他放弃绘画，转作漫画师。1910年，他结识了阿波利奈尔。阿波利奈尔劝他把名字改为巴黎附近的一个山庄的名字马库锡，并把他介绍给了毕加索。不久，毕加索就抢走了马库锡的爱人马塞尔·汉伯特。1911年，马库锡再次进行绘画创作，直指立体派。1912年和1920年，他和“黄金分割小组”一起展览。虽然他是个敏感而又有天分的画家，但作品却不多。对马库锡影响最大的人似乎是胡安·格里斯。马库锡还是个蚀刻师和插图画家。

部分内容融入了他们的绘画当中。

用康维勒的话来说，这是把现实中的细节带进绘画作品的尝试，唤起了观赏者的回忆，使其联想到具体的风景和静物。1911年是分析立体派的巅峰，毕加索和布拉克的艺术合作关系也发展到顶点。

1911年，毕加索和奥利维叶的关系破裂，并开始与马塞尔·汉伯特（其真名为艾娃·谷维）的恋情。毕加索叫她伊娃，并用一部立体派作品来赞美她，这部作品中用到了歌词的片断。1912年，奥利维叶爱上了一个意大利画家，毕加索也抓住时机把马塞尔从她的恋人路易斯·马库锡手中抢了过来，而后两人逃到了毕加索曾住过的那个名为塞雷的修道院。尽管当时对于毕加索来说是创造力极强的时期，但很遗憾布拉克不在身边，所以后来布拉克夫妇的来访使毕加索非常高兴。

1912年毕加索和布拉克又把新的元素引进到他们的艺术中。这就是综合立体派的开始。他们不再分割和分析创作的主题，而开始采用简单的图形和明亮的色彩来重新诠释。继布拉克之后，毕加索也开始尝试拼贴画，他开始搜集带有有趣图案的墙纸、报纸和活页乐谱。

毕加索也开始“建筑”——用卡片、电线和木头制作的雕塑，就像三维立体的拼贴画。看到布拉克的纸制立体作品之后，毕加索用金属片和电线完成了他的作品《吉他》。一位评论家问到

★《瓶子、玻璃和报纸》，巴勃罗·毕加索（1913年）

从1912年起，毕加索和布拉克把新的元素引入他们的艺术领域。毕加索把日常生活中的材料用在作品中。他的拼贴画上满是杂志和报纸上剪下的笑话、双关语和图片，还有人造木头、颜料和木炭。

“这是什么？”，毕加索回答“我把它叫作吉他”。1912年，毕加索和康维勒签订了独家经销合同，当时的毕加索非常富有。毕加索1913年的大部分时间都在巴塞罗那和比利牛斯山脉的那个旧修道院中度过，8月才回到巴黎。

1914年6月之前，毕加索和布拉克一直互通想法。然而，1914年8月第一次世界大战爆发，作为西班牙公民，毕加索不能应征入伍。同时伊娃的病情恶化，但她害怕毕加索会离她而去，所以并

★《三个音乐家》，巴勃罗·毕加索（1921年）

这部作品常被看作是毕加索的晚期立体派作品。三个人物分别代表毕加索、阿波利奈尔（1918年去世）和诗人马克思·雅各布。作品表现的是毕加索在战争之前享受到的那段逍遥时光。

没有说出实情。最后，当伊娃无法隐瞒患有肺结核病的真象时，忧郁的毕加索逃到了在“洗衣船” 上的旧工作室。马塞尔·伊娃·汉伯特1915年9月去世，随后毕加索的经销商康维勒被流放——他居然谴责说是毕加索使他失去了马科西斯的保护。

1917年，毕加索为俄罗斯芭蕾舞团演出的《让·谷克多的游行》做舞台设计和服装设计。毕加索的设计远离传统的模式，令人震惊。阿波利奈尔称这次的“游行”是超现实主义的，这是第一次使用“超现实主义”这一说法。然而，尽管毕加索继续着立体派的创作，他的革命和对抗风格已经发生了变化。从1916年起，他开始采纳一种更为传统的绘画风格——来自古典的灵感，并接受了“战争中艺术和文化应唤起秩序”的要求。

在此期间，毕加索结识了俄罗斯芭蕾舞团的舞蹈演员奥尔嘉·科克洛娃，并在1918年与其结婚。科克洛娃出自俄罗斯贵族家庭，持有保守的价值观念，也曾试图把这种观念强加给毕加索。当毕加索为她画像时，她说，“我要认得出我的脸”。他们搬进了一座豪华的公寓，毕加索的生活似乎安定了下来。紧接着，在1912年他们的第一个孩子保罗出生了。

正当毕加索享受着上流社会的生活的时候，他的很多朋友却相当愤怒。胡安·格里斯给康维勒的信中写道，“如果毕加索在一个俄罗斯舞蹈演员和社会名流身份的缝隙中还找得到时间的话，他还是会干点正经事的”。布拉克也对毕加索向奢华生活妥协感到气愤不已。

到了1925年，毕加索开始转向超现实主义。他参加了超现实主义的第一次画展，并意识到他的艺术自由并不在于归属问题，而是要保留自己的风格。1927年，毕加索遇到了一个名为玛丽·德蕾斯·沃尔特的年轻姑娘。毕加索着迷于她的美貌，力邀其成为自己的模特，并创作了许多以她为主题的作品，后来他们很快就成了情人。

20世纪30年代早期，巴黎、巴塞罗那和瑞士各地纷纷举办毕加索艺术回顾展。他成为那个时期最受尊敬的艺术家。1935年，他同科克洛娃分手。同年，玛丽·德蕾斯·沃尔特为毕加索生了一个女儿，这就是众所周知的马姬。

1936年7月，度假回到巴黎的毕加索得知西班牙爆发了内战，他的新欢多拉·玛尔鼓励他以绘画支持西班牙合法政府。

1939年，西班牙共和国政府垮台，毕加索再也不能回到他的出生地。紧接着在1940年，德国人入侵法国。毕加索发现自己在巴黎孤立无援，他退回到巴黎的工作室，这里也成为了他生活的居所。尽管没有公开的政治倾向，毕加索还是拒绝了其他国家为他提供避难的邀请。对很多法国人来说，毕加索还住在巴黎对他们至关重要。德国人没有找毕加索的麻烦。尽管毕加索的作品被贴上了退化艺术的标签，许多德国军官仍想购买他的作品。

1947年，毕加索和他的新情人弗朗索娃·吉洛来到了法国里维埃拉的瓦洛锡小镇。他们住在粗陋的小房子里，没有电话，只有一些简单的家具。这个小镇曾是制陶业的中心，但在当时已经衰落。毕加索疯狂的生产在短时期内复活了制陶业：一年内他竟创作出2000件陶艺品。

毕加索和吉洛有两个孩子：克洛德和帕乐玛。当毕加索和吉洛分手后，他又遇到了杰奎琳·洛克。毕加索和洛克搬了几次家，逐渐地退出了公众视线。然而，尽管年事已高，他仍旧不知疲惫地创作，甚至在七八十岁的时候，毕加索每年还创作出成百上千的作品。1973年4月8日，毕加索在其幕瞻市的别墅中与世长辞。

新生代

尽管“立体派时期”持续的时间不长，但它对现代艺术的发展有着深远而持久的影响。事实上，立体派的发展随着1914年第一次世界大战的爆发就停滞不前了。“意大利未来派”是受立体派激发而产生的早期运动之一。未来派曾与立体派并存，尽管只是短期的艺术运动，却充满活力令人兴奋，吸引了许多艺术家。未来派很快又影响到立体派自身的发展。未来派画家采用立体派的观念和技法创造富于动感和速度的动态画面。

立体派还对从建筑到时尚设计等绘画和雕塑之外的领域产生了巨大影响。调整后的立体主义模式甚至被应用到坦克、军舰和士兵制服的伪装上。在不到十年的时间里，立体主义的理念和创新改变了我们回应和记录周遭世界的方式。

乌姆伯托·波丘尼（Vmberto Boccioni）1882~1916

1882年10月，乌姆伯托·波丘尼出生在意大利卡拉布里亚雷焦。1901年，在罗马的巴里美术学院学习期间，他遇到画家吉诺·塞弗里尼。到1910年，波丘尼和其他几位画家以未来派之名一道工作。1911年，未来派画家访问巴黎，结识了毕加索。

到1912年，波丘尼主要创作雕塑，尽管他还在继续绘画。然而，1915年波亚尼参军了。后来在训练中遇难，逝于1916年8月17日。

★*《枪骑兵的进攻》*，乌姆伯托·波丘尼（1915年）

未来派画家赞扬现代社会的暴力与速度，他们希望在作品中抓住时间与声音。波丘尼是未来派的领军人物，但在他实现理想之前却死在了军队中。

保罗·克莱（Paul Klee）1879~1940

保罗·克莱出生于瑞士伯尔尼附近的墨恒布西城，他曾是德国表现主义运动的代表人物，在1912年蓝骑士画派举办的展览中展出了17幅作品。同年，他拜访了德洛内夫妇并亲眼目睹了其他立体派画家的作品。德洛内的色彩理论深深地吸引了克莱。克莱在1913年翻译了罗伯特·德洛内关于光线的一篇论文。到1914年，其作品已经明显表现出受到了德洛内的影响。

1931 年，克莱开始执教于杜塞尔多夫学院，但在 1933 年纳粹掌权后遭到解雇。他移居瑞士的伯尔尼后继续绘画创作，但在此其期间身体健康却每况愈下。1940 年克莱逝世。

马塞尔·杜桑（Marcel Duchamp）1887年~1968年

马塞尔·杜桑是雷蒙德·杜桑-维隆的弟弟。他被认为是20世纪最激进也最受争议的艺术家。杜桑1904到1905年间在朱莉安学院求学。在遭遇立体主义和未来主义之前，他接受了许多先锋派的风格。他是“黄金分割小组”的成员，对描绘时间的流逝犹有兴味。

杜桑1915年抵达纽约时已颇有名气。与此同时，他停止了绘画创作（他只在1918年完成了一生中的最后一幅画作），他同皮卡比亚和阿波利奈尔一起开始对“艺术”观念发起进攻，这促使了达达主义理念的发展和他对“现成物”的创作。所谓“现成物”是杜桑自己对日常用品的新称呼。他们有意识地破坏了“原创性”和艺术“发明”的观念。杜桑最著名的“现成物”是以《泉》命名的小便池（1917年）。杜桑1968年10月在巴黎逝世。在他的墓碑上铭刻着一句话：“死的总是别人”。

Magritte

B卷·超现实主义

[英] 琳达·博尔顿 著
王骥 译

什么是超现实主义

超现实主义是20世纪最重要的艺术运动之一，它不仅改变了绘画和雕刻，也影响到文学、戏剧、电影，以及人们对待生活的态度。“超现实”一词用来描述任何奇异梦幻一般的事物，并不仅限于艺术，同样也适用于现实生活。

超现实主义者抵制逻辑推理，试图探究头脑中的潜意识。许多超现实主义画家着迷于梦境，描绘奇异的梦一般的景象，他们还对孩子和精神病患者的想象很感兴趣，因为在他们看来那是不受理智干扰的。

★《聚集地》，马克斯·恩斯特（1922年~1923年）

在恩斯特的这幅作品里有许多超现实主义画家，包括德·基里科、布勒东和恩斯特自己。

一些超现实主义者在试图探索潜意识的过程中发展出了随心写作和随心绘画的方法。也就是说，画家试图像孩子一样在创作之前没有任何构思，目的是创作出具有纯想像力的作品。

超现实主义者着迷于不可思议和出乎意料。他们在非常之处和非常之物中寻找美，在置于意外环境的日常事物里发现美。被超现实主义者所崇拜的19世纪法国诗人洛特·雷阿蒙曾经这样说过："美应该死死地扼住你的喉咙。"他宣称"美应该是令人惊讶的"，就像"在手术台上偶然发现一架缝纫机和一把雨伞那样"。这种戏剧化的景象强烈地影响了超现实主义者对于奇异事

N° 1 — Premiere année　　1er Décembre 1924

LA RÉVOLUTION SURRÉALISTE

IL FAUT ABOUTIR A UNE NOUVELLE DÉCLARATION DES DROITS DE L'HOMME

SOMMAIRE

Préface : J.-A. Boiffard, P. Eluard, R. Vitrac.
Rêves : Georgio de Chirico, André Breton, Renée Gauthier.
Textes surréalistes : Marcel Noll, Robert Desnos, Benjamin Péret, Georges Molkine, Paul Eluard, J.-A. Boiffard, S. B., Max Morise, Louis Aragon, Francis Gérard.
Le rêveur parmi les murailles : Pierre Reverdy.

Chroniques : Louis Aragon, Philippe Soupault, Max Morise, Joseph Delteil, Francis Gérard, etc.
Notes.
Illustrations : Photos Man Ray, Max Morise, G. de Chirico, Max Ernst, André Masson, Pablo Picasso, Pierre Naville, Robert Desnos.

ABONNEMENT, les 12 Numéros : France : 45 francs Étranger : 55 francs

Dépositaire général : Librairie GALLIMARD 15, Boulevard Raspail, 15 PARIS (VIIe)

LE NUMÉRO : France : 4 francs Étranger : 5 francs

★1924年，安德烈·布勒东创办了杂志《超现实主义革命》并担任编辑。这是1924年~1929年这场运动中最重要的出版物。

物的感觉。

超现实主义实践囊括了所有的艺术形式——绘画、雕塑、诗歌、电影、珠宝、服装和陶器设计。专注的超现实主义者甚至以一种超现实的方式生活，他们有意识地像个古怪的小丑那样行事。这些超现实主义者可能相当极端，如萨尔瓦多·达利身着潜水服的演讲；但也可能不那么露骨，就像莱内·马格利特对显贵生活的反叛，轻微却令人吃惊。

安德烈·布勒东与超现实主义

超现实主义运动正式发端于1924年的巴黎。当时法国诗人、小说家和评论家安德烈·布勒东写下了他的首篇超现实主义宣言，该宣言揭示了这一新运动的目标。在宣言中，布勒东把超现实主义界定为由想像力来支配的运动。他在其中写道："只有想像力让我意识到了这种可能。"诗人阿波利奈尔将自己创作并于1917年上演的戏剧《泰瑞西斯的乳房》描述为"超现实主义戏剧"，布勒东从他那引用了"超现实主义者"的称谓。

对布勒东来说，梦是艺术和生活中最重要的事情。布勒东对奥地利医生西格蒙德·弗洛伊德

西格蒙德·弗洛伊德（Sigmund Freud）1856~1939

奥地利精神病学家弗洛伊德的观念和研究方法对超现实主义者影响强烈。弗洛伊德对患者向他描述的梦非常感兴趣，他认为梦反映了人们不为人知的愿望和恐惧。1900年，他发表了巨著《梦的解析》。和弗洛伊德一样，超现实主义者也探索梦境。他们也采用弗洛伊德的自由联想法——一种通过鼓励患者说出出现其大脑中的所有事情，以了解患者生活中重大事件的方法，超现实主义画家和作家则采用自由联想的方法创作艺术作品。

的发现非常感兴趣。弗洛伊德研究潜意识，他认为潜意识在很大程度上说是由梦来反映的，他认为可以通过解梦来帮人们摆脱精神上的困扰。1921年，布勒东前往维也纳拜访弗洛伊德，回巴黎之后他对潜意识，尤其对梦更加感兴趣。他把对梦境着迷的一大批诗人、画家聚集在一起。

布勒东鼓励超现实主义诗人和作家在他的杂志《超现实主义革命》上发表作品，这是他在1924年到1929年间编辑的杂志。1933年，又一本著名的超现实主义杂志《牛头怪》问世。超现实主义者不但创作诗歌和绘画作品，还涉猎戏剧和电影，作品包括曼·雷的《别烦我》，萨尔瓦多·达利和路易斯·布努艾尔的《安达鲁之狗》。

首次超现实主义展览于1925年在巴黎举行，但这次运动很快就蔓延到法国以外的地区。超现实主义者来自许多国家，都是活跃在法国、德国、比利时、瑞士、西班牙，还有墨西哥和美国的显赫艺术家。

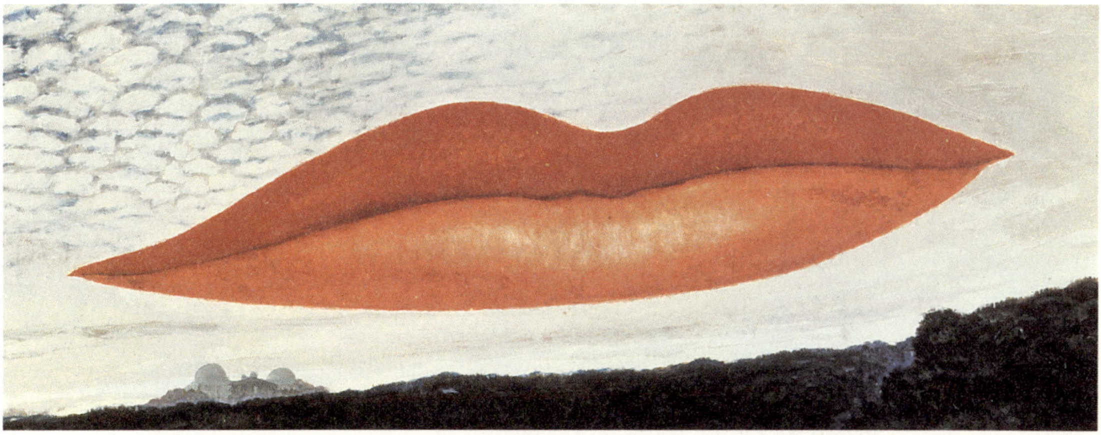

★《气象台时间》，曼·雷（1932年~1934年）

曼·雷这样描述这部作品：两片嘴唇大得就像两个身体——“就像天与地，就像你和我”。它们又像盘旋在地球上方的不明飞行物。

达达主义

尽管布勒东1924年的宣言标志着超现实主义的正式开始，但事实上这次运动根源于1916年瑞士的早期艺术运动"达达主义"。达达主义者受到恐怖的第一次世界大战（1914年~1918年）的严重影响，他们认为如果理智和逻辑导致了战争的破坏性和恐怖感，那么反其道而行之可能是个更好的选择。达达主义是一次反艺术运动，主张破坏传统的绘画和雕刻方法，创造全新的作品。达达主义者通过撒落碎纸片、摆放类似瓶架和自行车轮子这样的现成物体、丑化著名的艺术

★《龙虾电话》，萨尔瓦多·达利（1936年）

达利将一只石膏质地的龙虾放在这部电话上送给了其英国资助人爱德华·詹姆斯。达利喜欢这样解释：当有人提起话筒时有可能被咬。

乔治·德·基里科（Giorgio de Chirico）1888~1978

超现实主义者认识到某些艺术家在“超现实主义”一词出现之前就表现出了“超现实”的特质。例如，意大利艺术家乔治·德·基里科的画作表现了废弃广场梦幻般的城镇景象——那里看上去像是剧院布景，以拱门和圆柱形成框架。德·基里科深受破碎的生活和物体魔力的影响。“超现实主义之父”安德烈·布勒东将德·基里科和弗洛伊德一起列为“超现实主义的灵感来源”。1913年，布勒东在一辆公共汽车上看到德·基里科的画作——《孩子的大脑》，这使他第一次受到现代艺术的吸引。

作品（如：马塞尔·杜邦在蒙娜丽莎的脸上画上小胡子）等方式来创作随意的景象。

达达主义在巴黎、纽约和德国科隆快速地传播，但是到1919年，这一运动开始走向衰败。1920年4月，科隆的达达主义者进行了最具纪念意义的展览，进入展厅必须要通过一个公共厕所。这次展览标志着达达主义向超现实主义的转型。到20世纪20年代，达达主义融入了超现实主义。

两大流派

超现实主义中有两大泾渭分明的流派。一派是以胡安·米罗和安德烈·马森为代表的作家和画家，他们试图不去思考正在写作或绘制的作品，尝试着在工作时终止脑海中有意识的部分，而仅仅让铅笔和画笔简单地在手中运动。他们想看看在不思考或无意识状态下能产生什么样的作品。他们用这种自动技法创作的作品看起来是完全抽象的，并没有涉及任何外部世界的人、事和物。

另一派艺术家包括萨尔瓦多·达利、莱内·马格利特和保罗·德尔沃等，他们十分清晰地绘制物体和景致的形象。我们可以毫无障碍地分辨出这些物体，只是这些我们十分熟悉的物体和景致被放置在完全不可能的环境中，如梦境的画面。

超现实主义与战争

与20世纪初期的其他艺术运动不同，超现实主义不是直接产生于艺术家和诗人们对战争的反应，但是超现实主义运动的两大领导者安德烈·马森和马克斯·恩斯特都深深地受到在第一次世界大战（1914年~1918年）中服兵役的影响。马森在战争中严重受伤，几乎精神失常，体会到了逼真的梦魇。恩斯特则说过战争的恐怖和无聊促使他成为"决心探索时代神话的年轻人"。

有一些超现实主义者的确创作艺术作品来反映战争的恐怖。随着1936年西班牙内战的爆发，恩斯特试图在名为《天使的心与家》的画作中表达自己的无助。同时，达利的作品《肃杀之秋》通过两个生物互相吞噬的惊人画面表现出战争的残酷。后来，第二次世界大战末在日本广岛投射原子弹的事情对达利的作品影响至深，他开始绘画爆炸景象，画面似乎已经破碎。

1939年第二次世界大战的爆发标志着超现实主义运动的一次重大改变，大多数超现实主义者离开已被纳粹军队占领的巴黎。一些画家返回自己的祖国，而很多画家逃往安全的美国。巴黎不再是世界艺术中心，纽约继而成为超现实主义运动的心脏。

战争结束之时，尽管许多画家仍继续以超现实主义风格作画，终此一生，但他们已分散各地。

让·阿尔普（Jean Arp）1887~1966

- 1887年9月16日生于现法属阿尔萨斯–洛林地区的斯特拉斯堡
- 1966年6月7日逝于瑞士布鲁塞尔

主要作品

《鱼缸里的鸟》（1920年） 《头像：苏格兰人的嘴唇》（1927年） 《蓓蕾花环》（1936年）

阿尔普出生时名为汉斯，但他更喜欢被叫作这一名字的法语形式——让。他的家境很富有，父亲拥有一个雪茄生产厂，他的幼年时光是在一座16世纪的古老房子中度过的。

阿尔普在斯特拉斯堡度过了他的整个童年时代。他是一个富有梦想的小孩，对绘画和诗歌的热情远远超过了其他功课。他从小就立志成为一名艺术家，后来他说，"我没有对其他任何行当、任何职业产生过兴趣"。他还表示，"很可能是家乡斯特拉斯堡的大教堂内部的雕刻刺激了我从事雕塑工作"。阿尔普10岁时制作了"亚当"和"夏娃"两座小型木雕，灵感就来源于大教堂中的人物形象。

阿尔普的父亲发现儿子在学校里并不用功，于是就为他聘请了一名私人教师。他们两人前往法国的孚日山区以免在城市中学习分心。在孚日的乡下，师生二人享受着垂钓、远足和朗诵诗歌带来的快乐，心情无比畅快。

最终，阿尔普的私人教师被解雇了。阿尔普在16岁时成为了斯特拉斯堡艺术与工艺学院的学生。在那里，他厌倦了无止境地复制鸟类标本和干花，因此他决定转攻诗歌。阿尔普终其一生都在不断地写作诗歌，即使是在他对艺术重新燃起兴趣之后也是一样。

★这幅照片摄于1950年，表现了63岁的艺术家阿尔普在自己工作室里十分随意的姿态。这是他重新开始雕塑创作之后的第二年。在他的妻子兼艺术伙伴苏菲·陶伯去世后，阿尔普一度中断了雕塑创作。

尽管早期艺术经历让阿尔普感到泄气，但到1915年，在德国的魏玛学院，他又重新开始学习艺术。阿尔普在魏玛学习了两年时间，在那里，他第一次接触到了当代法国艺术，这促使他在21岁时前往巴黎进修更多的艺术课程。

1908年，阿尔普离开巴黎前往父亲定居的瑞士韦吉斯，他在那里经历了一生中最为困难的

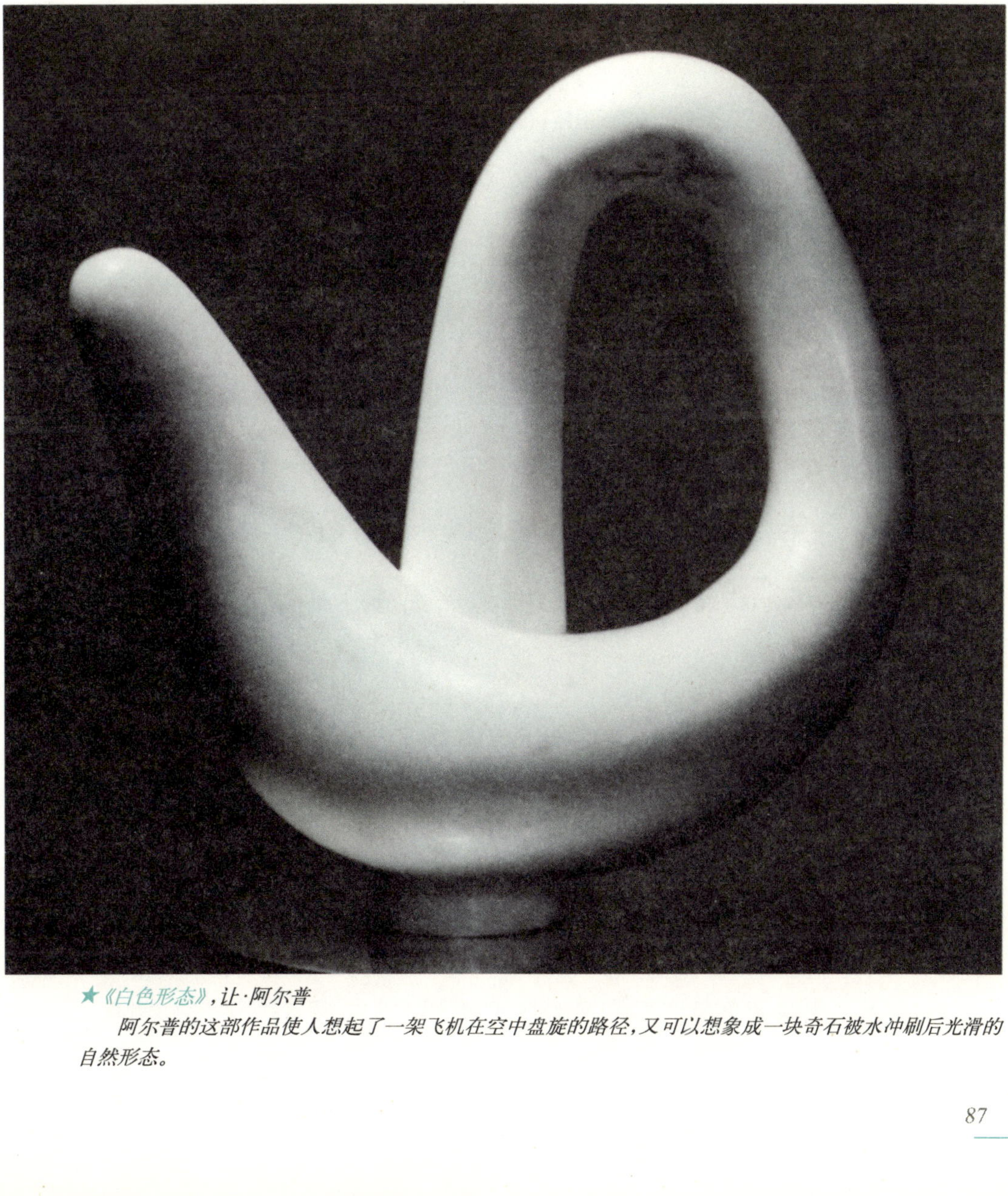

★《白色形态》，让·阿尔普

阿尔普的这部作品使人想起了一架飞机在空中盘旋的路径，又可以想象成一块奇石被水冲刷后光滑的自然形态。

时光。后来他回忆这段寂寞的日子时说，“我连一个人影都看不见”。阿尔普在这里阅读、绘画，观察雪一般的云朵从群山间穿过，他深受韦吉斯的山峦与云朵抽象形态的影响，就是在这个时候，他发现了抽象艺术。他结识了一群瑞士艺术家并同他们一起建立了“现代小组”。经过几次巴黎之行，他逐渐熟悉了毕加索和布拉克作品的立体派风格。

在一次前往德国的访问中，阿尔普结识了俄国画家瓦西里·康丁斯基和几个“蓝骑士”成员。这个团体中的画家们受到了德国和俄国民间艺术的影响，画作色彩斑斓，几乎是抽象的。在1912年2月举办的第二届“蓝骑士”展览上，阿尔普受邀参展。

1914年，阿尔普在科隆结识了马克斯·恩斯特，他把恩斯特看作是和自己有着相似的梦想和创作灵感的画家。在斯特拉斯堡家乡小住之后，阿尔普返回巴黎，在那里他又结识了很多艺术家并继续发展自己的艺术风格。然而1914年第一次世界大战爆发，阿尔普搬到当时在战争中保持中立的瑞士。

1915年11月，阿尔普在苏黎世展出他的拼贴画和挂毯作品。所有作品都是抽象的，根本没有画在帆布上的传统油画。也就是在苏黎世，阿尔普与瑞士艺术家苏菲·陶伯相识，他们一见倾心，1922年便结婚了。他们一起尝试创作由木头、刺绣、剪纸和报纸碎片制成的拼贴画。阿尔普这样解释这些作品：“所有的安排都遵循随机原则”。阿尔普也写诗，他从报纸上随意摘录词和短语用在自己的作品当中。

1916年，阿尔普接受一位达达主义运动成员的邀请参加了“卡巴莱”艺术展——一个包括绘画、音乐和诗歌在内的艺术展。他背诵自己创作的诗歌，用鲜艳的上色木头制成浮雕装饰举办“卡巴莱”的酒吧的墙壁。此后，阿尔普潜心于达达主义运动，往返于达达主义的两个中心：苏黎世和科隆。

1920年，阿尔普定居巴黎，此时达达主义已融入到超现实主义中。阿尔普不自觉地发现自己和安德烈·布勒东等超现实主义者联系在一起了。他参加超现实主义展览,用木头和金属制作拼贴画和浮雕,用偶然的效果作为自己的灵感。第二次世界大战爆发,他和陶伯离开巴黎前往法国南部的格拉斯,他们在此愉快地生活和工作了近两年。到1942年,因为呆在法国不再安全,他们回到了苏黎世,第二年陶伯在此过世。这对阿尔普是一个沉重的打击,在接下来的五年中他没有创作出任何雕刻作品。然而,阿尔普的晚年生活是幸福的,作品颇丰,他坚持写诗和创作木制浮雕。

萨尔瓦多·达利(Salvador Dalí) 1904~1989

- 1904年5月11日生于西班牙费卡洛斯
- 1989年1月23日逝于西班牙加拉楼

主要作品

《永恒的记忆》(1931年)　《肃杀之秋》(1936年)　《纳希瑟斯的蜕变》(1937年)

《龙虾电话》(多个版本)　《圣约翰的十字架》(1951年)

西班牙艺术家萨尔瓦多·达利是最著名的超现实主义画家。他的名字取自他1903年夭折的哥哥,他会定期去看"自己"的墓碑,感觉哥哥的灵魂一直陪伴着自己。差不多四年之后,他的妹妹出生。达利的父亲是无神论者,但他的母亲是虔诚的罗马天主教徒,所以宗教主题经常出现在他的作品当中。他的艺术天赋从很小的时候就显露出来——14岁的时候,他就已经举办了展览。

达利的母亲在他16岁时去世,同年,他开始在马德里高等美术学院读书,那里的老师教授后印象派绘画风格,但是达利崇尚17世纪画家维梅尔和维拉奎兹的现实主义绘画风格,并希望得到这样的绘画指导。1923年,他发现意大利画家乔治·德·基里科的作品,其梦幻而又准确的风格对达利的作品影响很大。达利曾以煽动学生"造反"之名被艺术学校停课一年,1926年他被彻底开除了。达利对他不参加期末考试的解释是"因为老师没有评判其作品的能力"。

1928年,达利访问巴黎。安德烈·布勒东使达利成为超现实主义运动的正式成员,并为达利作品展的目录撰写了介绍。这次展览引起了画家莱内·马格利特和超现实主义诗人保罗·艾吕雅及其出生于俄国的妻子加拉的注意。达利认为在遇到加拉之后他的生活发生了改变,加拉成为

★萨尔瓦多·达利与他标志性的八字胡。他说这些胡须是联系宇宙力量的“天线”。他指着一本写着他名字的大书站在圣彼得大教堂前，似乎要对教堂、大书和艺术家本人的伟大程度作一番比较。

他的伴侣、模特以及经纪人。1932年加拉和丈夫离婚，1934年在巴黎和达利结婚。

1936年，西班牙内战爆发。达利在这一年创作的作品《肃杀之秋》反映了两件事——一个是政治的，一个是私人的。内战的恐怖在两个生物的相互吞噬中被反映出来，但同时这幅画也表现了他和加拉的初吻。

达利在着装和举止上都是一个极具表现欲的人。他蓄着如弯月般向上卷曲的胡须，他将其称之为“天线”，并宣称这些“天线”可以将他同宇宙中的力量联系起来。1936年，在伦敦举办的超现实主义展览上他身着潜水服发表演讲，这一举动差一点令他窒息而亡。达利说，他想用填满颜料的蜗牛壳作画，希望骑着大象穿越比利牛斯山脉，还想让犀牛护卫他家的房子，在劳斯莱斯车里放满花椰菜……很多人都认为达利是个疯子，而他本人却继续这样行事。他曾宣称：“疯子与我的唯一区别就是我没疯。”

达利的画作通常展现的是出现在不可能的场景当中的细致的、想象中的或是扭曲的人物或物体。达利经常画同样的东西，柔软的钟表、支架和蚂蚁常常出现在他的画作中。类似威廉·退尔故事中父亲不得不向放在他儿子头上的苹果射击的主题是达利最喜欢的。达利的生活和周遭事物都被他弄得超现实了。他还拍摄了超现实主义的电影，记述了他生活的两个超现实版本：《我的秘密生活》和《一个天才的日记》。

达利着迷于在不同的时间观察同一形态而得到两个不同的物体。他运用“偏执妄想式批判”的方法产生的效果创作了大量作品，如《思考机》（1935年）。

作为弗洛伊德的崇拜者，达利创作了《纳希瑟斯的蜕变》来表现他。弗洛伊德后来写道，他原本一直认为超现实主义者都是彻头彻尾的傻瓜，但他却对达利的技法和“狂热凝视”印象深刻，达利使弗洛伊德相信，分析一幅超现实主义画作是非常有趣的。

1939年，布勒东以“贪婪”之名将达利逐出超现实主义运动，并“狡猾”地将达利全名的12

个字母重新排列成Avida Dollars（贪婪美元）——后来达利欣然采用这一称号。同年，纽约的一家百货公司委托达利为其装饰橱窗，达利在作品中展现了超现实主义画家的混乱梦境，橱窗吸引了很多人，以至堵塞了交通。于是商家撤掉了部分让人无法容忍的陈列品，但是达利爬上展台，用浴盆砸碎了橱窗，水溅在惊讶的旁观者身上。达利为此被捕，他后来为自己辩护说，任何一个画家都有保护自己作品的权利。

1940年，达利和加拉离开欧洲前往美国，第二次世界大战期间，他们也一直住在美国。加拉为让达利舒心，把一切都安排得井井有条。美国在日本广岛投放原子弹一事对达利的震动很大，从这一刻起，他开始绘画爆炸景象，画作中也包含了与宗教相关的肖像。

★《永恒的记忆》，萨尔瓦多·达利（1931年）

达利频繁地描绘软体钟表，它们懒洋洋地搭在树枝上或者是从桌子上垂下来，与我们想象中的时钟的特性截然不同。

1948年，达利和加拉返回欧洲。在这期间，达利创作了许多宗教作品，其中在几幅作品中他把加拉画成圣母玛丽亚。另有几幅耶稣肖像，其中包括著名的《圣约翰的十字架》。

达利的多才多艺让人难以置信。除了绘画，他还制作珠宝、玻璃器具、服饰和餐具；指导电影、歌剧、芭蕾和戏剧表演。1929年，他和朋友西班牙电影制作人路易斯·布努艾尔一起创作了超现实主义电影《安达鲁之狗》。他为马克思兄弟写剧本，为阿尔弗雷德·希区柯克的电影《爱德华大夫》创作巨幅背景画《眼球》。达利还设计超现实主义家具，包括桌、椅、灯、龙虾电话，以及他那惊人之作——以著名影星梅·韦斯的嘴唇为形状的粉色沙发。

1982年，加拉去世，达利极其消沉，并试图通过拒绝饮水来自杀。他的这一行为也是超现实的，因为他相信他如果能够完全脱水，就会永生。日后哪怕一滴水也可以挽回他的生命。他后来不能吞咽，只能通过从鼻子灌入流质度过余生。后来他搬到位于西班牙普柏的城堡继续工作，这座城堡是他以前送给加拉的。1984年，达利在一场大火中被严重烧伤，1989年因心脏衰竭离世，终年84岁。

保罗·德尔沃（Paul Delvaux）1897~1994

- 1897年9月23日生于比利时
- 1994年7月20日逝于比利时弗尔纳

主要作品

《城市拂晓》（1940年）　《沉睡的维纳斯》（1944年）

《月光下的美人鱼》（1949年）

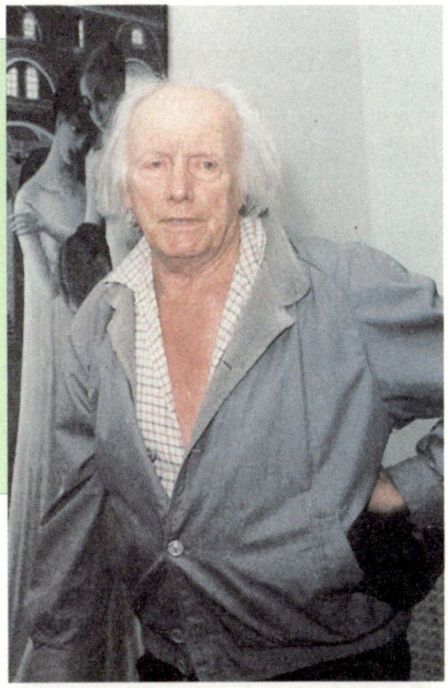

★这张照片摄于德尔沃晚年（他是长寿之人，97岁离世）——他站在自己的一幅作品前面。他的艺术风格在他的一生中基本上都没有改变。

保罗·德尔沃是家中两兄弟中的兄长。他的父亲是一名律师，主张孩子应该受到良好的教育。德尔沃在布鲁塞尔的高中学习希腊语和拉丁语，他学习了希腊诗人荷马的作品，完成了许多以希腊神话为主题的画作。同时，希腊神话也是他一生艺术创作的灵感来源。虽然德尔沃很想成为一名画家，但他还是为了让家人高兴而去学习了建筑。1916年，他到布鲁塞尔高等艺术学校的建筑学院报名入学，但后来他还是转到了美术学院。

1920年到1921年，德尔沃在服兵役期间参加了由比利时形象主义画家让·帝威在布鲁塞尔学院开设的晚间课程。1922年，他完成了第一幅以火车为主题的画作，此后他又创作了很多以火车为主题的作品，这些是他对童年的回忆："小时候我就喜欢火车，这种情怀一直萦绕我心……我画童年的火车，也就是在画我的童年。"

1926年，他第一次看到意大利画家乔治·德·基里科的作品，那种梦幻般的让人难以忘记的特质给德尔沃留下了深刻的印象。他意识到这就是自己想创作的风格。德尔沃欣赏基里科的作品中空荡荡的市镇广场，还有阴森森的倒影，他称其为“空无诗人”。

大概是在1930年，德尔沃参观了一次对他日后的作品影响至深的展览会。事实上，他对在那次展览会上所见的评价恰恰就是对自己许多作品的描述，“我去了布鲁塞尔展览会，那里不俗的展品打动了我，还有那红色天鹅绒布置的展窗、两具骨架、纸制的沉睡中的维纳斯，以及展览会上的吵杂声和看似快乐却有些悲凉感觉的欢呼声。”

从那以后，德尔沃的作品有了超现实主义感觉，这种感觉在1934年他看到超现实主义画家

★*《圣诞前夜》，保罗·德尔沃（1956年）*

画作有着诗一般的意境：女孩孤独地站在空无一人的站台上，孤独的背影、亮着的灯、满月下的货车和塔门……令我们对这幅画的标题有些疑惑了。

的作品之后表现得更为强烈。1936年，德尔沃和同乡莱内·马格利特一起在布鲁塞尔展出作品。1938年，他的作品出现在巴黎国际超现实主义展览上。

1952年，德尔沃和相识32年的安妮·玛丽结婚。从1950年到1960年，德尔沃在布鲁塞尔美术建筑学校教书。1965年，他成为布鲁塞尔高等艺术学校的导师。

德尔沃的作品常常表现了“在出乎意料的地方发生惊人的巧合”。古典庙宇、火车、骨架和裸体女神是德尔沃作品常用的主题。他的艺术风格在他的一生中基本没有改变。90岁寿辰之际，他在比利时、法国、瑞士和日本举办了作品展。1994年，德尔沃在比利时离世。

马塞尔·杜桑（Marcel Duchamp）1887~1968

- 1887年7月28日生于法国勃兰韦勒
- 1968年10月2日逝于法国巴黎

主要作品

《大玻璃》（1915年~1923年）　　《泉》（1917年）

《L.H.O.O.Q.》（长胡须的蒙娜丽莎）（1919年）

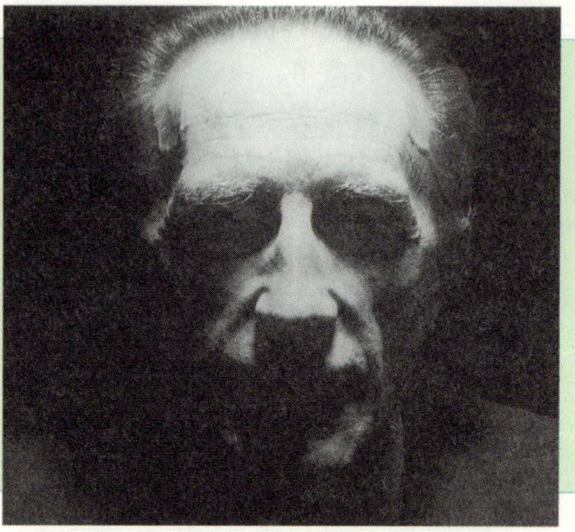

★马塞尔·杜桑是20世纪最具影响力的艺术家。这张照片摄于他64岁时。他的"现成物品"和艺术理论对20世纪艺术的发展起到了至关重要的作用。

马塞尔·杜桑家中有六个兄弟姐妹，其中四人都是著名的艺术家，其中几个同意使用不同的姓氏。画家雅克·维隆排行老大，他之后是雕塑家雷蒙德·杜桑-维隆，马塞尔·杜桑比雷蒙德小11岁，他们的妹妹——画家苏珊则比马塞尔小两岁。

杜桑的父亲是一名律师，他允许自己的孩子自由选择职业，但却并不给他们太多金钱。1904年，杜桑离开家乡前往巴黎。在那里，他和哥哥雅克住在一起。他把这段体验各种绘画风格和技法的时期描述为"八年的游泳课"。在这一时期，他还受训成为了图书馆员，也为一家法文报纸绘制过一段时间的插图。他还教授法语以赚取日常开销。

1911年，杜桑加入了立体主义团体——"黄金分割小组"。他在这里展出了自己的画作《下楼的裸女》。这幅画是基于一张有人下楼的照片而作。同一年，杜桑完成了自己的小册子《八个月的绘画之旅》。从这时开始，杜桑背离了传统艺术。

1913年，杜桑宣布放弃立体主义，因为立体主义是一条死路，他一同放弃的还有绘画本身。

那一年，他创作了他的首个"现成物品"。根据杜桑的想法，这些现成的东西之所以成为艺术品，仅仅是因为艺术家的选择。杜桑将现成物品作为艺术来展示，以此来说艺术是艺术家称之为艺术的任何事物。这一激进的表述对20世纪的艺术产生了重大影响。1914年，杜桑的第一件"现成物品"（一个瓶架）公开展出，紧接着便是他著名的作品《泉》。《泉》是一件被杜桑标注了署名"R．穆特1917"的小便器。巴黎重要的艺术展"独立者沙龙"拒绝展出这一作品，他们认为这根本就

★《泉》，马塞尔·杜桑（1917年）

这是一件20世纪艺术史上标志性的作品，艺术家"发现"了它而不是"制作"了它，上面的署名是虚构的。这件作品是对我们艺术观念的挑战，它表明了"艺术是艺术家称之为艺术的任何事物"的观点。

是马桶而非艺术。杜桑对此回应道："穆特先生是否亲手制作了这一泉并不重要。他选择了它。他将一件日常生活用品置于全新的称谓和观点之下，其通常的意义因此而消失了。他在思想上创造了一件新物品。"

1915年，杜桑来到了美国。在他的帮助下，纽约的达达主义运动开始兴起。杜桑对创新派美国摄影家阿尔弗雷德·斯蒂格利茨影响颇深。杜桑还编辑了《错误-错误》和《盲人》等杂志，也拍摄了一些实验电影。杜桑后来在建立超现实主义流派中发挥了重要作用。1941年，他在纽约组织了一次大型超现实主义展览，还同安德烈·布勒东、马克斯·恩斯特共同编辑了纽约超现实主义杂志《VVV》。

杜桑是一位达达主义者，他最重要的作品都创作于1924年超现实主义出现之前。然而，他仍然对超现实主义产生了巨大的影响。

马克斯·恩斯特（Max Ernst）1891~1976

- 1891年4月2日生于德国布吕尔
- 1976年4月1日逝于法国巴黎

主要作品

《人们将莫知其然》（1923年）　《午夜革命》（1923年）　《被夜莺惊吓的孩子》（1924年）

恩斯特家中有七个孩子。他出生在6岁的姐姐玛丽亚去世的那一年。这件事对恩斯特的影响很大，后来他对自己的出生这样描述，“4月2日上午9点45分，马克斯·恩斯特从蛋中破壳而出，母亲把蛋下在了一个鹰巢里，这只鹰已经孵化了7年。”这个描述反映了“鸟”在恩斯特的想象中处于很重要的位置，他给了自己“鸟”的身份，把自己称作“鸟长官”，并把这只鸟安置在自己的许多作品当中。

恩斯特日后这样描述他的父母：“我的父亲飞利浦·恩斯特是专业聋哑教师、职业画家、独裁者，他体格健美，是虔诚的天主教徒，通常心情舒畅。我的母亲路易斯，很有幽默感，总能讲出很多神话故事。”从母亲那儿听来的神话故事对培养恩斯特的艺术想像力很有帮助。

按照父母的意愿，恩斯特于1909年进入波恩大学学习哲学、精神病学和艺术史。他被带进了精神病患者的艺术世界，并开始研究这些患者的绘画。尽管他对艺术很感兴趣，但他却想方设法逃掉那些讲授如何画画挣钱的艺术课程。他对如何“正确”地绘画不感兴趣，只对通过绘画表达情绪着迷，比如说表达“心愿”和“恐吓”。

1911年，恩斯特结识了德国蓝骑士团体创始人之一画家奥古斯特·麦克。蓝骑士团体用色彩表达情绪的方法吸引了恩斯特。1913年，恩斯特开始和他们一起办展览。

1914年战争爆发，恩斯特参加炮兵团当了一名工兵，这段经历对他的影响很大。他后来这样自问："如何克服对战争的恐惧和对军队生活的厌恶？嚎叫？咒骂？呕吐？"战争结束后，他看到了新生活的开始，他写道："1914年8月1日，马克斯·恩斯特死了。1918年11月11日，立志发现时代神话的年轻人恩斯特又活过来了。"

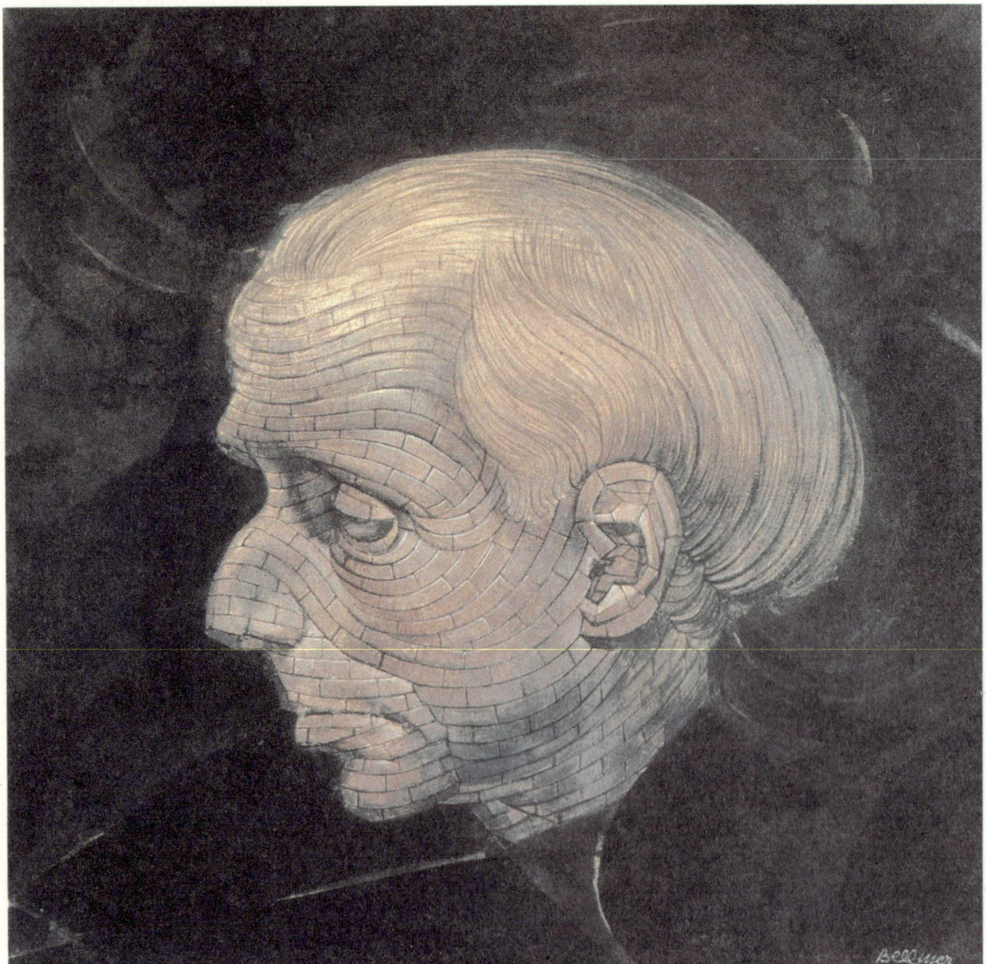

★《恩斯特肖像》，汉斯·贝尔默

德国画家贝尔默把恩斯特的脸画成了破碎后又复合的马赛克。

恩斯特相当英俊。他是达达主义科隆派的重要代表人物，他在工作中用名"达达马克斯"。1918年10月，他与学习艺术史的大学生路易斯·施特劳斯结婚。两年后，他们的儿子吉米出世。1921年，超现实主义运动创始人之一——诗人保罗·艾吕雅到科隆拜访恩斯特，恩斯特与艾吕雅的妻子加拉（加拉后来成为达利的妻子）相爱后抛弃妻子施特劳斯，移居巴黎，与艾吕雅和加拉住在一起。他在巴黎还见到了超现实主义的创始人安德烈·布勒东。

恩斯特于1919年开始创作拼贴画，到1921年，恩斯特已经完成《西里伯斯岛大象》等超现实主义作品。1923年，他完成了首部超现实主义杰作《人们将莫知其然》，并把它献给了布勒东。

★《粉色大鸟》，马克斯·恩斯特（1956年）

恩斯特的很多作品中都有鸟的形象，他把自己叫作"鸟长官"。这幅画体现了"拓印法"的运用——在麦穗和树皮上擦画得到纹理，然后再构成整体形象。

罗兰特·潘罗斯(Roland Penrose) 1900~1984

潘罗斯是画家、雕刻家、诗人、拼贴画制作者，也是艺术品收藏家，是他把超现实主义引入英国的。从剑桥大学毕业之后，从1922年到1935年，他在法国画画。通过和马克斯·恩斯特的朋友关系，他与超现实主义艺术家有了交往，并在回到英国后创立了英国超现实主义团体。1947年，他和美国人超现实主义者李·米勒结婚。米勒的摄影集和丈夫最著名的超现实主义诗歌《这条路宽于长》同时出版。

布勒东劝说恩斯特在创作时要不加思考，仅顺其自然就好。一个雨天，恩斯特坐在海边的一个小酒馆里凝望着木制地板发呆，一切就这样自然而然地开始了。看着眼前的一切，恩斯特有些恍惚，他拿出纸和铅笔，开始在铺在地板的纸上擦画，他随意移动画纸，发现这些擦画带来了奇异的幻觉。他继续这种实验，在树皮上蒙上纸或帆布进行擦画，用蜡烛在画布上熏出烟迹。他说通过这种方式，他就成了自己所有作品的见证者，作品浑然天成，并非艺术家的精心创作。

恩斯特从1925年开始发展出来的擦画技巧以其法语单词命名为“拓印法”。这成了恩斯特钟爱的技巧，“随意地将几张纸散落在地板上，然后用黑色线条来擦画”。这些有纹理的素材后来被用在了拼贴画上。

恩斯特的第一部拓印作品《自然史》于1925年发表，四年后他出版了拼贴画册。恩斯特对“回忆”、“梦想”和“巧合”也很感兴趣。尽管他是以随意的擦画而开始小有名气的，但后来他也创作表现混乱和混沌场景的清晰画面。

1926年，恩斯特遇到18岁的玛丽·贝尔特·奥朗什。在和第一任妻子离婚之后，1927年他与奥朗什结婚。同年他创作了他的森林系列作品。这些作品是通过在树皮上拓印而成，效果类似厚密的木纹。恩斯特用其表现的是他第一次与父亲去森林时感到的“着迷与恐惧”。

恩斯特用剪下来的维多利亚人物形象重组创作出混乱的既险恶又有煽动性的拼贴画作品，其中最著名的就是两个女人手挽手坐在沙发上，一个爬虫在她们身上爬过——把超现实的混乱形象引入到维多利亚室内画当中，他把文明的谈话场景变成了恐怖和令人厌恶的噩梦。

恩斯特和超现实艺术家梅雷·奥本海姆、莱昂诺尔·菲尼、利奥诺拉·卡林顿都有过风流韵事。1936年，他和奥朗什离婚。在和布勒东发生争执之后，恩斯特离开了巴黎的超现实主义团体，前往法国南部。1939年第二次世界大战爆发，恩斯特因其德国公民身份被捕，但他多次从营地逃跑。恩斯特早就认识美国人佩姬·古根海姆——一个富有的艺术收藏家资助人。1941年两人结婚，定居美国，远离了欧洲战争的恐怖。

1942年，恩斯特遇到艺术家多萝西·唐宁，随即与佩姬·古根海姆离婚。1946年，恩斯特在比佛利山与唐宁结婚。曼·雷与朱丽叶·布朗尼同时举行了婚礼。恩斯特和唐宁在1950年返回欧洲之前一直住在美国亚利桑那州的喜多那。恩斯特晚年的作品越来越抽象，色彩越来越鲜艳。恩斯特在巴黎去世，终年85岁。

阿尔贝托·贾科梅蒂（Alberto Giacometti）1901~1966

- 1901年10月10日生于瑞士伯格诺沃
- 1966年1月11日逝于瑞士库尔

主要作品

《室外的三个人像》（1929年）　《悬挂的圆球》（1930年~1931年）

《笼子》（1930~1931年）　《割喉女》（1932年）

阿尔贝托·贾科梅蒂出生在瑞士意大利语区的一个小山村。他在家中四个孩子里排行老大。他的父亲乔瓦尼是一名后印象派画家，收藏有塞尚和梵高的作品。

贾科梅蒂这样形容他快乐的童年："我想象不出还有比我童年和少年时期更加快乐的时光。我同父亲，还有母亲、弟弟妹妹们生活在一起。"他12岁时就有了第一幅画作《苹果静物》，13岁时他创作了他弟弟迭戈的胸像。

贾科梅蒂在瑞士日内瓦开始学习艺术和雕塑。18岁时，他与父亲一起来到了意大利的威尼斯。在那里，他深受16世纪梵蒂冈画家提香作品的影响。他后来返回意大利学习直到20岁，这期间他主要呆在罗马。

1922年，贾科梅蒂前往巴黎，并在这里度过余生。起初，他在立体派雕塑家亚历山大·阿奇本科的工作室工作，直到1923年阿奇本科移居纽约。以后，在父亲的建议下，贾科梅蒂参加了传统的具象派雕塑家安托万·布德尔举办的学习班，他与布德尔共事了五年。在这几年中，他花费了大量时间学习卢浮宫里的作品并与巴黎的其他青年艺术家成为了朋友。1925年，他看到了让·阿尔普和康斯坦丁·布朗库西的作品，这促使他脱离传统雕塑而趋向更为抽象的风格。也就是在此前后，贾科梅蒂的弟弟迭戈来到巴黎帮他。迭戈成为了一名熟练的金属技工，担当了贾科梅蒂的助手。

1927年，兄弟两人租了一间小型工作室。这间工作室狭小破旧，极不舒适，但贾科梅蒂却在

★*1958年，贾科梅蒂正在创作一尊雕塑。我们看到的雕塑家身着西装、衬衫和领带，在其位于巴黎的工作室里用泥土塑造一个头部和肩膀被拉伸的人物模型。*

★《夫妇》，阿尔贝托·贾科梅蒂（1926年~1927年）

雕塑的题目促使我们将其看作是女性和男性的程式化表现而非抽象作品。略小的形象包含了女性脚和腿之上的身体各部分，而高一点的形象则只有在与其伴侣一起出现的时候才被认为是男性。

梅雷·奥本海姆（Meret Oppen heim）1913~1985

梅雷·奥本海姆出生于德国，在瑞士的巴塞尔学习美术。她1932年移居巴黎并在那结识了贾科梅蒂和阿尔普。他们向其介绍了超现实主义。奥本海姆以最后的超现实主义女性，一个孩子般的女人而闻名于世。她的青春、天真和魅力看起来与其童年和梦想世界有直接的联系。超现实主义者们称她是“所有男人都渴望的仙女”。奥本海姆在1933年第一次与超现实主义者们一起展出作品，并持续参加各种会议和展览，直到1937年。她的皮毛边茶杯和茶托将两种实用的物品变得完全没有用处，这成为了超现实主义最具纪念意义的作品之一。

此工作了39年，直至他去世。为了生活，他和迭戈制作家具用品，还为设计师艾尔沙·夏帕瑞丽制作珠宝饰品。

贾科梅蒂1930年加入了超现实主义运动，他参加了这一团体的展览和各种活动。他的作品得到了达利的赞赏，达利对贾科梅蒂的雕塑作品《悬挂的圆球》极为热衷。贾科梅蒂有五年时间都是超现实主义最具创造力的雕塑家。但在1935年，他又开始研究真实的模特并回归具象派艺术的轨道。他摒弃了超现实主义，也停止展出自己的作品。这是贾科梅蒂多年思想挣扎和自我怀疑的开始，直到1947年他才再次展出作品。

1938年，贾科梅蒂被车撞伤，他的脚被碾碎，因而住院几个月。这一事故对他的影响很大，他有很长一段时间不能正常工作。1940年他重新回到工作中，但这一次的创作源泉不是来自模特儿而是来自记忆。他创作的人物缩到了十分小的尺寸。

二战期间，贾科梅蒂主要生活在中立的瑞士。他在日内瓦一家旅馆的房间里住了四年。在此期间，弟弟迭戈照顾他的日常生活。战后，贾科梅蒂带着六大箱作品回到了巴黎的工作室。1949

年，48岁的贾科梅蒂与安妮特·阿姆结婚。两人相识在七年前，安妮特·阿姆是他很多作品的模特儿。

贾科梅蒂晚年成名，他的作品在欧洲和美国展出，但成功却未能帮助他摆脱自我怀疑。贾科梅蒂64岁时死于癌症，他被安葬在出生地伯格诺沃。

弗里达·卡洛（Fride Kahlo）1907~1954

- 1907年7月6日生于墨西哥的墨西哥城
- 1954年7月2日逝于墨西哥

主要作品

《两个弗里达》（1939年）　《和猴子在一起的自画像》（1940年）

《剪发的自画像》（1940年）

弗里达·卡洛的母亲是墨西哥人，她是虔诚的天主教徒；父亲是德国犹太人，在他 19 岁时移民墨西哥，靠摄影为生。卡洛是家里六个女儿之一，她有三个亲姐妹，还有两个来自父亲第一次婚姻的同父异母的姐姐。卡洛一家人安乐地住在墨西哥城老城区的一栋名为“蓝屋”的房子里。

卡洛出生后的第三年，墨西哥爆发革命，推翻了原有的右翼政府。后来，卡洛坚持说自己出生在1910年，这样做不单单是为了显得自己年轻，还为了说明自己的确是墨西哥革命的女儿，出生在一个崭新而又解放了的国家。

6岁时，卡洛得了重病小儿麻痹症，不得不卧床近一年。病后她的一条腿变短，这引起了同学们的嘲笑。自尊心极强的她不愿表现出自己受到了伤害，只好呆在自己想象的世界里。

卡洛的父亲在她还小的时候就训练她使用照相机和冲洗胶卷。卡洛是父亲最喜欢的孩子。父亲夸耀地说：“卡洛是我最聪明的女儿，她最像我。”1922年，卡洛在墨西哥城的大学就读。她本打算成为一名医生，但是1925年的一次重大事故彻底改变了她的命运。她回家时经常乘坐的汽车和有轨电车相撞，冲撞使卡洛的骨盆破裂、脊椎折断、颈椎碎裂，右腿11处骨折，右脚完全被压碎。这次可怕的事故导致她不得不放弃学业，被迫接受自己的余生都是残疾人的事实。在她卧

★《自画像》，弗里达·卡洛（1930年）

照片中的卡洛要比自画像中的自己可爱得多——但卡洛却常常以这样的方式为自己画像。她通常佩戴珠宝，发式和着装都显示出墨西哥风格。

床期间，她开始给家人和朋友画画，大量阅读艺术史书籍。事故发生的第二年，卡洛完成了她的第一幅自画像。

事故发生四年后，22岁的卡洛和43岁的墨西哥画家迭戈·里维拉结婚。里维拉创作的壁画多以左翼政治为主题，是全国最著名的画家。1930年卡洛跟随丈夫移居美国旧金山，里维拉从1930年到1933年一直在那里工作。在这期间，卡洛开始了自己的绘画创作，在返回墨西哥之前完成了12个作品。在旧金山，卡洛遇到李奥·埃罗伊瑟医生，医生为卡洛看病，并成为她一生的朋友。医生发现卡洛的脊椎弯曲，事故中受损的右脚仍然疼痛，行走越来越困难。但对卡

★*《长命百岁》，弗里达·卡洛，（1954年）*

作品的标题刻在了画面前景中的一块西瓜上。这幅画作创作于卡洛逝世那年。在经历了无数的疼痛和苦难之后，作品表达出卡洛得知自己将不久于人世的痛楚。

洛来说，最痛苦的是得知自己丧失了生育能力——她对孩子的渴望在她的许多作品中都有体现。

卡洛和里维拉支持左翼政治。里维拉于1927年到1928年之间在莫斯科度过了十个月，参加了十月革命的十周年纪念。1937年1月，俄国革命领袖里昂·托洛茨基被驱逐出苏联。里维拉请求墨西哥总统允许托洛茨基在墨西哥居住。卡洛在机场迎接托洛茨基及其妻子，并把他们安顿在“蓝屋”，让他们在那里免费住了两年。在这期间，卡洛和托洛茨基有染。

1939年，安德烈·布勒东和妻子来到墨西哥，见到了里维拉夫妇和托洛茨基夫妇。布勒东非常欣赏卡洛的作品，并鼓励她在巴黎办画展。卡洛接受了这一提议，并在法国取得了很大的成功。卢浮宫购买了她的一幅作品。毕加索也非常欣赏卡洛，送给她一副手形状的耳环作为礼物，卡洛经常佩戴这副耳环。

1940年卡洛回到墨西哥，和里维拉复婚（他们是在1939年11月6日分手的）。此后，卡洛住在

利奥诺拉·卡林顿（Leonora Carrington）1917~

当利奥诺拉·卡林顿还是伦敦的一名美术学生的时候，就和马克斯·恩斯特有恋爱关系，这使她和超现实主义画家有了接触。第二次世界大战爆发，恩斯特返回德国，卡林顿移居西班牙，在这期间，她患上了神经衰弱，在一家私人诊所接受治疗。1941年，她和墨西哥诗人雷纳托·勒狭克结婚，第二年他们移居墨西哥，卡林顿开始专心画画。在这里她发展出自己的绘画风格，作品反映自己的生活和神秘主题。1946年，卡林顿和勒狭克离婚，与匈牙利摄影师伊姆莱·薇兹结婚。卡林顿的一生都忠于超现实主义，她的作品充满了动物和人物肖像，通常很可怕。

“蓝屋”里，和丈夫一起画画和教书，而身体状况却每况愈下。她不得不长时间卧床，还要佩戴身体支架。1946年，她在纽约接受一次重大的脊椎手术，此后又相继做了七次脊椎手术。1950年，她在墨西哥城卧床住院整一年。尽管卡洛越来越虚弱，但是不管是在家里还是在医院，她都坚持绘画。她是乘坐救护车前往墨西哥城参加在当代美术馆举办的她的个人作品展的。她被担架抬入，躺在有四根帐杆的床上——这也成了展览的一部分。

在卡洛去世之前不久，因为受到了坏疽的感染她不得不接受右腿截肢手术。卡洛在“蓝屋”去世，终年47岁。她穿着墨西哥长裙躺在高等美术馆，接受成百上千悼念者的告别。

莱内·马格利特（René Magritte）1898~1967

- 1898年11月21日生于比利时莱锡内
- 1967年8月15日逝于布鲁塞尔

主要作品

《受威胁的刺客》（1926年） 《恋人》（1928年） 《红色模型》（1935年）

莱内·马格利特在三兄弟中排行老大，家境十分宽裕，父亲从事制造业和贸易业。莱内的家在其童年时代经常在比利时各个地区迁移，直到他20岁时才在布鲁塞尔定居下来。

莱内8岁时的一次经历是他渴望成为艺术家的直接原因。有一次，他和一个小姑娘在一座废弃的公墓玩耍时看见了一幅绘画作品，并被其表现出的魔力所打动。马格利特从10岁开始接受绘画方面的私人教育。他表现出在艺术与生活中具有“魔力”和不安份的一面。他最早的记忆是放在摇篮旁的柳条箱，在他看来，这个箱子十分神秘。他还十分热衷于宗教事物，如牧师的法衣、熏香的味道、教堂音乐和遗迹。他曾将自己装扮成牧师，站在家里的祭坛前主持私人弥撒。

1912年，一场突如其来的事件冲击了这个家庭。马格利特的母亲因为忧郁症自溺而亡。三个星期后，她飘浮的尸体被人发现并送回家停放在楼下的房间中。她的睡衣被盖在头上，因而，一个遮掩着头部的女人形象经常出现在马格利特的作品中，就像《问题的核心》和《恋人》中表现的那样。

马格利特和他的弟弟保罗十分亲密。两人都对绘画、音乐、文学和电影等艺术形式兴趣盎

★照片中的莱内·马格利特正注视着某样东西。他看上去更像个商人而非艺术家。同浮华耀眼的达利不同，马格利特一生都保持着严肃镇定的风格。

然。马格利特非常喜欢一部关于邪恶与神秘英雄的惊悚犯罪系列丛书。

从1916年到1918年，马格利特在布鲁塞尔高等艺术学院学习。他在服完兵役后回到了布鲁塞尔，以设计海报和广告，以及在一家壁纸厂绘制大型玫瑰赚钱过活。

马格利特第一次邂逅美丽的乔吉特·伯婕是在察勒若尔年度集市的喧闹酒会上，当时他15岁。二人后来在布鲁塞尔植物园偶遇并于1922年结婚。伯婕成为了马格利特的终身模特儿。

1922年，马格利特结识了诗人马塞尔·勒孔特，勒孔特向他展示了契里科的作品《爱之歌》。这对于马格利特的影响是巨大的，"契里科向我表明了'知道画什么'才是至关重要的"。马格

★*《恋人》，莱内·马格利特（1928年）*

面纱包裹着两人的头部让我们想起了马格利特溺死的母亲，她被发现时就用睡裙盖在脸上。面纱包裹的头部是马格利特常用的表现方式。这幅作品展现了一个梦境般的快照：面纱蒙头的恋人看不到对方，也无法亲吻对方。

利特为契里科画作的神秘而着迷，但直到1925年他才创作了其决定性的超现实主义作品——《两姐妹》，作品表现了一个女孩白天和夜晚的双重形象，而模特儿正是妻子伯婕。

马格利特夫妇在1927年夏天移居巴黎附近的伯铎-马恩，他的画商卡米尔·戈曼居住在那里。戈曼的画廊里常常展出超现实主义画家的作品。通过戈曼，马格利特夫妇结识了超现实主义诗人安德烈·布勒东和保罗·艾吕雅。这一阶段是马格利特创作上的丰收期，他最杰出的作品都是在巴黎期间完成的。然而，他并不喜欢某些超现实主义实践方式，如自动主义，他同样不喜欢布勒东强烈的反天主教观点。1930年，由于布勒东批评伯婕佩戴家传的十字架项链，马格利特极为生气，他们不久就离开巴黎返回布鲁塞尔永久定居。

马格利特讨厌旅行，从巴黎回来后他一直呆在比利时。他的生活非常规律。每天早上，他带着自己的狗罗罗散步去购买一天的食物；下午，他在一家咖啡馆度过，而星期天他则享受着朋友聚会带来的欢乐。他的房子俨然是中产阶级式的，里面放着舒适的沙发和椅子，还有一架小型钢琴。有趣的是，马格利特没有自己的工作室，他就在卧室旁的化妆室里作画。他的工作总是这样：在厨房或饭厅里，一个画架以及一些颜料、画笔和木炭，总是那么的干净整洁。

马格利特不喜欢在衣着和行为上炫耀，他更喜欢默默无闻，穿着严肃的西装、外套和圆顶帽子。有这样一个故事：马格利特的妻子邀请一对夫妇到家里来喝咖啡。当两个女人去厨房而把男人们单独留下时，马格利特从后面靠近了男客人并狠狠地踢了他的屁股。那个男人转过身来，他显然被这一举动激怒了。但他却发现马格利特若无其事的样子，好像什么都没发生过。这使得男客人开始怀疑这一切是否出于自己的想象虚构，但屁股的疼痛提醒他这种想法是不可能的。这种完全出乎意料的举动正是超现实主义的典型意念。

1938年，马格利特参加了在巴黎举行的国际超现实主义展览。他的画作表现出梦幻般的场景，渲染出焦虑和恐慌的感觉。戴圆顶帽的男人、裸体女人和蒸汽火车经常出现在他的画中，这像语言一样更为其作品增添了迷幻的色彩。

马格利特喜欢把毫无关联的事物和人物放到一起而产生的视觉效果。通过改变事物的大小和放置在意想不到的环境中，他的画作使我们认识和熟悉的事物看上去变得十分奇怪。像达利一样，马格利特也很喜欢把同一形状解读成两种完全不同的东西。

马格利特68岁时去世。在生前，他的画作没有得到太多承认，但在他去世后，这些作品却十分受欢迎。终其一生，马格利特的风格几乎没有发生过改变。

安德烈·马森（André Masson）1896~1987

- 1896年1月4日生于法国
- 1987年10月28日逝于巴黎

主要作品

《鱼之争》（1926年）　《岛上的孩子》（1926年~1927年）

《阿里阿德涅的线团》（1938年）　《毕业生》（1939年）

马森不喜欢谈论他的童年，他只想单纯地活在现在，不认为现在的生活由过去的事件组成。然而，我们还是知道他于1896年1月4日出生在法国，以及他曾先后在布鲁塞尔和巴黎学习艺术。

马森在当兵之前曾旅居意大利和瑞士，他在一战中身受重伤，子弹穿膛而过。马森后来这样描述他受伤后的感觉：周围的世界似乎充满了惊异，天空看起来像一个发光体。受伤后他仍然站立，感觉不到疼痛，是战友把他拉出了危险地带，然后他一直在等待救助，可是担架手直到夜幕降临才到达。他躺在狭窄的洞穴中，旁边就是一具德国士兵的尸体。后来马森把他叫作“拉美西斯二世”，因为这士兵的尸体干瘪得就像埃及法老的木乃伊。

在医院里，马森拒绝治疗，大发脾气而且尖叫。最终，他被送往精神病医院。他渴望遥远的地方，远离欧洲战争带来的恐惧。1918年战争结束，他崩溃了，处于疯癫的边缘。

1922年，马森移居巴黎。在巴黎他和胡安·米罗成了朋友，并开始他的行动派绘画。他在创作中试图让大脑的潜意识起主导作用，创作出来的作品就是自发的非思维行为的结果。在巴黎期间，马森结识了安德烈·布勒东和保罗·艾吕雅，并加入超现实主义画家行列，参加他们的展览，

★安德烈·马森晚年时期的照片，他正坐在巴黎家中舒适的客厅里。

★《盔甲》，安德烈·马森

人物形象支离破碎，没有头也没有四肢。马森向我们展现的只是身体，暗指断腿。这幅作品是他在战争中所受苦难的反映。

艾琳·阿加尔（Eileen Agar）1904~1991

阿加尔出生在南美洲的阿根廷，后移居伦敦就读于斯莱德艺术学院，此后在巴黎学习期间接触到超现实主义艺术家。她的作品被罗兰特·潘罗斯选中参加1936年在伦敦举办的国际超现实主义展览。从1936年开始，她尝试采用安德烈·马森创造的自动绘画技巧。阿加尔也利用贝壳和海星作雕刻，并尝试在像布料和石膏这样的新材料上雕刻。她最著名的作品可能是1936年完成的《无政府状态的天使》，石膏雕刻的男子头像，蒙着丝绸和珠子。

成为法国艺术上的重要人物。

马森在1929年与布勒东发生争执之后，与超现实主义画家决裂。1934年，他移居西班牙加泰罗尼亚，在这里一直住到1936年西班牙内战爆发。1937年他回到法国，和布勒东重归于好，进入自己的超现实主义第二阶段。但由于当时席卷欧洲的二战恐慌，马森前往马提尼克岛和安地列斯岛，最终到达美国。

从1941年开始直到二战结束，马森住在纽约城及其附近地区。他的自动绘画技巧（把胶水、沙子和废弃的画作直接安置在画布上）对抽象表现主义画家阿希尔·戈尔基、杰克森·波洛克和马克·罗斯科的影响很大。马森认为这种绘画方式迅速、自动、有整体效果。他说画家应该把画布铺在地板上，把画布看作是没有中心和任何地标的宇宙空间。他还告诉画家应把创作当成冒险，鼓励他们把绘画当作"一次任务和探险"。

战后直到1955年，马森回到法国住在巴黎和埃克斯安普鲁旺斯。他经常旅游，在威尼斯和罗马小住。1965年，他接到重要的任务——为巴黎的欧迪翁剧院绘制天花板。尽管马森在第一次世界大战期间曾受过身体伤害和精神伤害，他仍然活到81岁。1987年10月他在巴黎去世。

胡安·米罗（Joan Miró）1893~1983

• 1893年4月20日生于西班牙巴塞罗那

• 1983年12月25日逝于马洛卡的帕尔马

主要作品

《小丑的狂欢节》（1924年）　《投石打鸟的人》（1926年）　《狂犬吠月》（1926年）

米罗出生在老巴塞罗那的中心地带，是金匠的儿子。他从小体弱多病，食欲差，所以父母把他送到乡下和祖父母一起生活。

14岁的米罗进入巴塞罗那高等艺术学校学习。尽管他对色彩很敏感，但是并不擅长画画，考试不及格。父亲坚持要他放弃当画家的想法，转学到商业学校。米罗听从父亲的安排在商业学校学习了三年，但仍然不及格。生病、沮丧、精神崩溃，后来又患有伤寒症，父母担心儿子会不久于人世，便把他带到蒙洛伊，全家在那里避暑，米罗的状况的确有了好转。

1912年，米罗说服父母允许他到巴塞罗那的弗朗西斯科·盖里艺术学校学习。为帮助米罗提高绘画技能，他的第一位老师让他画能够摸得着的物体，因为米罗似乎只能看到线条和颜色。米罗的早期作品都是风景画和人物肖像，作品融合了西班牙本土的艺术风格和热烈的色彩。米罗曾有一个阶段采纳立体派风格，但在1918年到1922年之间就形成了自己的风格——原始而又高度细致。

1917年，米罗首次举办展览，但是因为他的作品非传统且不完整，展览召来了不满和苛刻的评价。米罗甚至被看作是疯子（在安德烈·布勒东看来，“疯子”是对艺术家的最高评价）。1919

★《自画像》，胡安·米罗（1919年）

米罗是很多超现实主义艺术家和抽象派画家的朋友，包括毕加索、马森和恩斯特，但他从未完全接受他们运动的观念，也拒绝签署超现实主义宣言书。

年，米罗第一次访问巴黎，第二年定居巴黎，并成为先锋派艺术家之一，参加巴黎达达主义画家聚会。米罗住在安德烈·马森的隔壁，这样就有机会接触到很多超现实主义艺术家，并收到邀请参加超现实主义艺术家于1925年举办的首次展览。

布勒东评价米罗是"所有超现实主义画家中最超现实的一个"。这可能和米罗的贫困和食物不足有关。米罗说，饥饿加上长时间看着墙壁使其产生幻觉，这有助于画出不同寻常的图形。

米罗开创了事先没有计划和思考的"自动"绘画。一位评论家这样评价米罗的绘画方法："米罗不再准备他的绘画；拿画笔之前没有丝毫的想法，画在画布上的图形没有事先的设想。开始的时候，他把几点颜色洒在画布上，然后再用蘸了颜料的画笔把它们连起来。随着手的移动，模糊的景象就越来越清晰了。"

米罗试图释放自己的潜意识，让情绪主导做画，像孩子一样画画。"我在我出生的房间里画画"，米罗说。他坚持说尽管他的作品看起来很抽象，但总是在表达一定的意义。"对我来说，图形从来都不抽象，总是代表着什么。是人，是鸟，或者是其他东西。对我来说，绘画从来都不是为了图形。"

1928年访问比利时和荷兰让米罗接触到了荷兰艺术大师的作品，尤其是维梅尔，他对米罗的艺术风格影响很大。米罗在这期间完成了他的《荷兰室内画》，又创作了很多雕塑和拼贴画。1929年，米罗和皮拉在马略卡岛结婚，婚后回到巴黎。第二年，他们的独生女德洛丽丝出生。1932年，米罗搬回巴塞罗那儿时的家，为俄国芭蕾舞剧《两小无猜》设计服装和舞台背景。

1936年7月西班牙内战爆发，米罗前往伦敦，后又移居巴黎，家人在8月也搬到了巴黎。他本打算一直住在法国。起初，他在没有家没有画室的情况下不能画画，只能为杂志写诗歌和散文。1937年，米罗为巴黎世博会上西班牙帕威林诺画巨幅壁画——手持镰刀的农民形象，画面气势宏伟。他也设计支持西班牙革命的海报——高举拳头、向往自由的人物形象。二战中法国被德国占领，1940年米罗为逃避法国恐怖的生活回到西班牙。

20世纪40年代，米罗进行广泛的绘画创作。他是最喜欢开玩笑、最开心的一位超现实主义艺术家。1947年，他第一次来到美国，为处于辛辛那提市的特莱斯大酒店创作巨幅壁画，又为纽约的斯坦霍普酒店作画，1950年为哈佛大学哈克尼斯研究生餐饮中心绘制壁画。米罗的作品对美国的其他艺术家影响很大。

二战期间，米罗和西班牙陶艺家罗伦斯·阿提嘉合作，从1954年到1959年，他一直专心于陶艺创作。1955年，他受委托为巴黎的联合国教科文组织创作大型作品，这次他开创了全新的陶艺

★《小丑的狂欢节》，胡安·米罗（1924年~1925年）

这幅画似乎表现的是欢腾的聚会。墙上的音符暗示了房间内充满快乐的音乐，各种图形正和着音乐舞蹈，它们在空气中游动，从梯子上跳下，与窗外宁静的夜形成鲜明的对比。

墙饰。

1956年米罗搬到马洛卡的帕尔马,再没有离开过那里。他继续创作壁画、地画和雕塑。米罗于1983年12月25日去世,终年90岁。

曼·雷 (Man Ray) 1890~1976

- 1890年8月27日生于美国费城
- 1976年11月18日逝于巴黎

主要作品

《礼物》(1921年)　《玻璃的眼泪》(1930年)　《天文台时间》(1932年~1934年)

曼·雷的父母是移居美国的俄国犹太人。他的本名为伊曼纽尔·拉德尼茨基,但因为这个外国名字,他在学校里遭到取笑。他7岁时,全家搬到纽约布鲁克林居住。

拉德尼茨基自小就对艺术充满了兴趣,他在学校里参加了艺术和工程制图方面的课程。1908年,他拒绝了学习建筑的录取通知,因为他认为自己的兴趣只在建筑物的内部。他参加了纽约费雷中心的写生和水彩课,并开始访问实验摄影家阿尔弗雷德·斯蒂格利茨创办的先锋派"291"画廊。1912年,他搬到了新泽西州的雷芝菲尔德,在一家广告公司做起草制图的工作。他在20出头的时候决定将名字改为曼·雷。

1913年,曼·雷在纽约著名的军械库展览会上见到了马塞尔·杜桑、弗朗西斯·皮卡比亚等欧洲艺术家大胆的作品,他便由此开始进行立体主义风格的创作。1914年,他举办了首次个人展,并被介绍给马塞尔·杜桑认识,两人成为终身挚友。后来他搬回了纽约,帮助开展纽约达达主义运动,并不断实验绘画和摄影的新技法。曼·雷谈到他的实验摄影时说:"我试图让自己的摄影是无意识的——就像使用打字机一样使用照相机。"

1918年,曼·雷实验用喷枪创作极其类似照片的"气象记录仪"系列画作。1920年,曼·雷展

★我们看到曼·雷在照片中紧盯着照相机的镜头。他创造性的摄影令其发明了许多关于新的发展过程的名词。以他的名字命名的“物影摄影”（Rayograph）描述了将物体置于感光相纸上而拍摄出的抽象画面。

出了名为《不可思议的伊萨多尔·杜卡斯》的作品——一架包裹着毛毯的缝纫机。当杜桑返回巴黎时，他邀请曼·雷与他同行，曼·雷欣然接受了这一邀请。他把自己的工具打包装入卡车，但却忘了带上衣服。他在纽约的最后一晚仍在参加聚会，衣服则是一位朋友在开船前一小时给他送来的。他在1921年7月抵达巴黎时受到了达达主义者的热烈欢迎，他们专门为其组织了一次个人展览。1922年，曼·雷出版了名为《美味之地》的摄影集，并参加了第一届国际达达主义展览。

曼·雷是巴黎超现实主义运动的重要成员。从1923年起，他的兴趣主要集中在电影拍摄上，其作品包括《贫血电影》、《别烦我》和《海星》等。1921年，他发明了一种新型摄影类型，相纸上

★*《幸运》*，曼·雷（1938年）

这幅被神秘地称为《幸运》的作品创作于二战爆发的前一年。它表现了一张沙漠中的台球桌，天空中漂浮着看上去非常坚固的非常态的云。

可以记录下被摄物体的幻像。他把这种技术以双关语的形式命名为"物影摄影"。曼·雷用物影摄影的方法拍摄下他身边的事物，如下落的大头针和盐粒。

"物影摄影的方式是……把你希望看到的各种物体放在黑暗中的一张感光纸上，这一组合接下来会被一道光线照亮……当感光纸以这种方式曝光完成后，物影摄影将表现出白色的轮廓和美不胜收的分层阴影。"

到1923年，曼·雷成了一名成功的摄影师。他此时最负盛名的摄影作品是"卡萨蒂侯爵夫人有三双眼睛"的模糊照片。侯爵夫人认为这张照片"照出了她的灵魂"。1925年，他创作了一系列蒙帕纳斯酒店与其同居六年的著名的交际花基基的裸体照。他还对超现实主义艺术家梅雷·奥本海姆靠在铜版印刷机轮子上，一只手涂满了墨水的形象进行了系统研究。同年，他的前卫摄影作品在《时尚》杂志的法国版和美国版上刊载。

1929年，曼·雷找到了一名新的摄影助理，22岁的前模特儿李·米勒。直到1932年，她一直是曼·雷的助理、模特儿兼情人。

1940年夏天，曼·雷离开巴黎前往美国。在好莱坞，他遇到了29岁的朱丽叶·布朗尼。在20世纪40年代他参加了众多展览，也举办过多次个人展。1946年，他同布朗尼在贝弗利山结婚，和他们一起举行婚礼的还有马克斯·恩斯特和多萝西·唐宁。

1951年，曼·雷和布朗尼一同回到了巴黎。从此以后，布朗尼是他唯一的模特儿。在巴黎，他进行彩色摄影的实验，并且重拾画笔。他的工作取得了巨大成功。曼·雷逝世于巴黎，终年86岁。

李·米勒（Lee Miller）1907~1977

美国摄影家李·米勒在返回美国纽约学习绘画、舞台设计和灯光之前，曾在巴黎粗略地学习艺术。她曾以作者、摄影师和模特儿的身份为《时尚》杂志工作，但在1929年至1932年间，她和曼·雷在巴黎同居生活并为其担任摄影助理。米勒不仅是令人难忘的摄影作品的创作者，也是很多超现实主义摄影师的模特儿。她把自己形容为外表如天使、内心似恶魔的人。在与曼·雷分手后，她作为一个自由摄影记者和战地记者在中东工作。1947年她与罗兰德·佩罗斯结婚，之后移居英国。

伊斯·坦基(Yves Tanguy) 1900~1955

• 1900年1月5日生于法国巴黎

• 1955年1月15日逝于美国康涅狄格州的伍德伯里

主要作品

《妈妈爸爸受伤了!》(1927年)

《拖延的时日》(1937年)

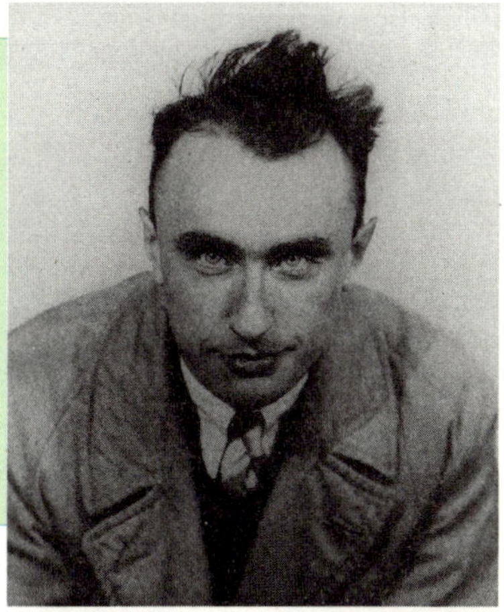

★曼·雷的摄影作品。坦基睁大眼睛盯着照相机看。照片所显示出的活力来自他的眼睛和姿势,还有他那犹如被电击了的奇特发型。

伊斯·坦基的父亲是来自法国北部布列塔尼的一名船长。全家常在布列塔尼度假,那里岩石奇异的景观给这位年轻的画家留下了久久不能忘怀的记忆。1918 年,坦基在商船上做侍从。两年里航行去过非洲,也去过南美洲。

1922 年,坦基在两年兵役之后定居在巴黎,从事过各种不同寻常的工作。他曾在代理处负责剪报、当过有轨电车司机,还烤三明治。他是自学成才的画家,受乔治·德·基里科作品《孩子的大脑》的启发开始画画。他在公共汽车的站台上见到了这幅作品,竟然跳下开动着的汽车车去仔细观察。这幅画燃起了他的想像力,成为其艺术生涯的起点。

1924 年,坦基画幽默图画,阅读《超现实主义革命》杂志,开始对超现实主义产生浓厚的兴趣。1925 年,他结识安德烈·布勒东,并与其成为密友。坦基成为超现实主义画家,创作的作品内容不易识别。坦基的作品经常表现有果冻状物体在表面移动,好像海底,又好像月球表面。布勒东评价坦基是“地下和海底的奇迹画家”。

坦基在首次登月前几十年就创作过太空景象的作品。他的很多作品中那些奇异的图形可能正反映了他对岩石构成的好奇和着迷。

坦基的画作是事先没有计划的，他一直坚持"自动主义"——想到什么就画什么。"我发现事先构思好的画从未让我感到过惊喜，而惊喜才是绘画的乐趣。"坦基用自己的潜意识来创作让观赏者迷惑的图画，造成从幻梦中走来的效果。到1939年，安德烈·布勒东已经把坦基看成是萨

★《Through Birds, Through Line but not Through Glass》，伊斯·坦基（1943年）

作品的标题令人费解，但是坦基在创作中运用了生物形态图形（画中不规则而又抽象的图形是基于自然界存在的形态）。在这里，我们可以把这看成是在海底着陆的太空船。

尔瓦多·达利最强劲的对手。布勒东相信超现实主义者在坦基的带领下正回归到“自动主义”，并把它用作主要的创作方法。

1939年，坦基在巴黎遇到美国超现实主义画家凯·塞奇，并在一年之后和她结婚。欧洲爆发战争，坦基决定移民，和塞奇一起去了美国。坦基在康涅狄格州伍德伯里定居之前，曾在美国和加拿大四处游览。坦基死于脑血栓，去世时只有55岁。

多萝西·唐宁 (Dorothea Tanning) 1910~

- 1910年8月25日生于美国伊利诺州盖尔斯堡
- 曾经住在瑞典、美国和法国

主要作品

《生日》(1942年)　　《小夜曲》(1943年)

《镜子》(1950年)

★李·米勒的摄影作品。李·米勒是曼·雷的摄影助理。唐宁从1946年结婚开始就和丈夫一同出现在公众面前。

多萝西·唐宁是家里三姐妹中的二女儿。母亲是美国人,父亲是瑞典人。姐妹几个从小受到严格的宗教教育,但这并不妨碍她们穿天鹅绒和缀有蕾丝的高档服饰。7岁的唐宁就是天生的超现实主义者。她做了个纸盒子,把爱的秘密装在盒子里面。听纸盒发出的声音,想象爱的讯息。

唐宁开始学习美术,但仅两个星期她就辍学了,因为她坚信绘画是不能传授的。她在餐馆和木偶剧院工作,后来又到纽约作摄影模特和绘画模特。唐宁认为一个人的过去并不重要,还因此为自己编造了另一段历史,她说小时候曾经认为自己是森林里的一匹小马。

1935年唐宁在纽约作自由撰稿画家,1936年她参观了在纽约举办的达达主义画家和超现实主义画家的展览。她在这次经历中受到很大启发,决定前往超现实主义中心巴黎。唐宁在1939年战争爆发的时候到达巴黎,短暂的停留后就搬到了相对安全的瑞典首都斯德哥尔摩,和叔叔雨果以及曾经给她做过绘画模特的家人住在一起。

1940年唐宁返回美国，为梅西百货商店做设计，第二年举办了她的织品展览。1941年，唐宁和霍默·沙伦结婚，但半年后就分手了。

第二次世界大战期间，许多超现实主义者都逃到了美国，唐宁发现自己和他们志趣相投。1942年，唐宁遇到意中人——在德国出生的画家马克斯·恩斯特。恩斯特后来为了唐宁抛弃了妻子佩姬·古根海姆。唐宁和恩斯特迁居亚利桑那州的喜多那。1944年，唐宁的首次个人作品展在纽约举办。第二年开始她为乔治·巴兰钦的芭蕾舞剧设计舞台背景，受到广泛好评。

1946年，唐宁与恩斯特在比佛利山结婚，曼·雷与朱丽叶·布朗尼同时举行了婚礼。很多超现实主义艺术家都曾拜访过恩斯特和唐宁在亚利桑那州的家，包括曼·雷、杜桑、坦基、李·米勒和罗兰特·潘罗斯。1949年，巴兰钦再次委托唐宁为他的另一部芭蕾舞剧《女巫》进行设计，唐宁的再

★《小夜曲》，多萝西·唐宁（1943年）

作品标题取自莫扎特的音乐作品，但这对理解这幅怪异邪恶的作品丝毫没有帮助。旅馆里的两个女孩似乎受制于那枝巨大的向日葵。一个女孩的头发冲天，就像受了电击；另一个头发下垂的人物看起来不像女孩，倒像是个玩偶。

次成功为她赢来了为芭蕾舞《海湾》和《微小的愿望》担当设计的任务。

1954年唐宁旅居意大利，又在法国买下农舍。恩斯特没能得到美国公民身份，于是唐宁和恩斯特回到法国，工作生活在巴黎和乡下的农舍。

1976年恩斯特去世，唐宁悲痛万分，在第二年精神崩溃。最终唐宁恢复了工作，从1986年到1993年，基本上每年都在伦敦的卡姆登艺术中心举办展览。唐宁现在住在纽约，继续写诗和绘画。

新生代

超现实主义是20世纪最重要的艺术运动之一，它事关生活中的变化、随意之事、荒谬之举、潜意识以及梦的力量。超现实主义涉及到所有的艺术形式：绘画、雕刻、诗歌、电影、珠宝、服饰和陶艺。

★《Quarantanial》路易斯·布儒瓦 （1947年~1953年）

该雕塑中的五个主体全部都和木制底座相连——布儒瓦直接地表现了“它们相互依存”。

作为两次世界大战之间的文化现象，超现实主义以巴黎为中心，其影响从法国波及到其他欧洲城市和美国。超现实主义艺术的影响力在纽约尤为强烈，因为二战期间很多显赫的超现实主义艺术家都住在这里。这批画家包括达利、恩斯特、马森、曼·雷和唐宁，他们对美国年轻一代的艺术家影响强烈。他们以潜意识绘画的理念相当重要。杜桑对现代艺术影响也很大，他打破了艺术和生活的界限，是"概念艺术"的开创者。"概念艺术"是说作品背后的创作想法是最重要的概念，而不是绘画过程的好与坏。

超现实主义运动平息之后很久，它的影响在各个艺术领域仍能感受得到——不仅仅是绘画和雕刻，还有广告和电影。

路易斯·布儒瓦（Louise Bourgeois）1911~

布儒瓦出生在巴黎，1938年定居纽约。二战期间她与胡安·米罗和安德烈·马森一起工作，从中受到艺术上的影响，接触到了潜意识。他们二人也以同样的方式影响到了波洛克。布儒瓦在创作中采用非传统的材料，如：电网、镜子、瓶子和光，这正体现了她受到超现实主义者的影响。

杰克逊·波洛克（Jackson Pollock）1912~1956

抽象表现主义画家杰克逊·波洛克写道，"'潜意识是艺术的源泉'这样的概念给我留下了深刻的印象"。他是米罗的崇拜者，欣赏米罗用潜意识创作形象的方式。从波洛克的作品《未命名》（《裸男》）中可以明显地看出其所受到的恩斯特的影响——鸟头和牛头人是对恩斯特作品的回忆。